民航运输类专业"十二五"规划教材

服务人员形象塑造

陆 蓉 刘 科 主编

国防工业出版社
·北京·

内 容 简 介

本书以"外塑形象,内强素质"为培养目标,使学生掌握服务人员的审美标准,具备良好的职业化形象、职业风范,为学生适应职业岗位形象要求,顺利就业奠定良好基础。本书紧紧围绕形象塑造能力和服务行业规范要求,有针对性地设计符合服务行业典型岗位工作实际的教学内容,组织构建了五大教学单元:服务人员形象概况、服务人员的面部形象、服务人员的头发形象、服务人员的服饰形象、服务人员的言谈举止形象。通过对这些内容的学习,使学生掌握服务人员形象设计多方面的基本技能,逐步提升学生对服务人员形象的审美及鉴赏能力,全面提高学生的形象素质和综合职业能力。

本书可作为高等职业院校民航运输类专业及旅游类专业形象设计课程教材,也可以作为相关专业的形象礼仪教材和教学参考书,并可供广大形象爱好者自学阅读。

图书在版编目(CIP)数据

服务人员形象塑造/陆蓉,刘科主编. —北京:国防工业出版社,2016.3 重印
民航运输类专业"十二五"规划教材
ISBN 978-7-118-08814-4

Ⅰ.①服… Ⅱ.①陆… ②刘… Ⅲ.①民用航空—乘务人员—形象—设计—高等学校—教材 Ⅳ.①F560.9

中国版本图书馆 CIP 数据核字(2013)第 169263 号

※

*国防工业出版社*出版发行
(北京市海淀区紫竹院南路 23 号　邮政编码 100048)
腾飞印务有限公司印刷
新华书店经售

*

开本 787×1092　1/16　印张 8½　字数 173 千字
2016 年 3 月第 1 版第 2 次印刷　印数 4001—8000 册　定价 29.00 元

(本书如有印装错误,我社负责调换)

国防书店:(010)88540777　　　发行邮购:(010)88540776
发行传真:(010)88540755　　　发行业务:(010)88540717

空中乘务专业规划教材建设委员会

主 任 委 员　刘小芹　陈玉华

副主任委员　（按姓氏笔画排序）

邓顺川　关云飞　李振兴　杨　征
杨涵涛　张同怀　林薇薇　洪致平
曹建林

委　　　员　（按姓氏笔画排序）

方凤玲　孔庆棠　刘　科　刘连勋
刘雪花　汤　黎　孙　军　杨祖高
何　梅　张为民　陈晓燕　武智慧
季正茂　宓肖燕　赵淑桐　俞迎新
姜　兰　姚虹华　倪贤祥　郭定芹
谢　苏　路　荣　廖正非

总　策　划　江洪湖

《服务人员形象塑造》编委会

主　编　陆　蓉　刘　科

副主编　刘　博　汤　黎

参　编　樊丽娟

前　言

"服务人员形象塑造"课程是民航运输类专业及旅游类专业的一门专业基础课。本书按照教育部关于示范性专业建设的要求，尝试着按照工作过程为导向的体系设计了教材体例，遵循学生职业能力培养的基本规律，从形象意识引导入手，以服务人员形象规范为基础，整合知识内容，逐步深入。希望本书能像一朵小小的浪花荡起涟漪，为高等职业教育做出一点儿应有的贡献。

如今，"空姐"形象已成为服务行业公认的美丽与优雅的化身，许多服务行业的形象都在向"空姐"看齐。但是形象，并不是一个简单的穿衣、配饰、发型、化妆的组合概念，而是一个综合的全面素质，一个外表与内在结合的、在流动中留下的印象。一个成功的形象，展示给人们的是自信、尊严、力量、能力，它并不仅仅反映在对别人的视觉效果中，同时它也是一种外在辅助工具，它让你对自己的言行有了更高的要求，能立刻唤起你内在沉积的优良素质，通过你的衣着、微笑、眼神、姿态，一举一动，让你浑身都散发着一个成功者的魅力。因此，服务人员的形象塑造目的不仅仅是为了追求外在的美丽，更是为了辅助事业的发展。"服务人员形象塑造"不是异想天开地创造，也不是依靠个人的品位和感觉而产生的。它是一种国际规范的、经过多年实践论证的、理论与实践结合的经验和知识，虽然国内的服务人员职业化形象体系还不成熟，涉及服务人员职业化形象的书籍更是凤毛麟角，因此希望《服务人员形象塑造》的诞生能为日趋成熟的服务人员职业化形象体系添砖加瓦，贡献一点微薄之力。

本书由陆蓉、刘科任主编，刘博、汤黎任副主编，樊丽娟参编。广州民航职业技术学院航空服务系的蔡雅芳、于洋在本书的编写过程中做了大量工作。陆蓉负责统稿。本书在编写工作中得到了武汉职业技术学院、广州民航职业技术学院、长沙航空职业技术学院、中山大学的大力支持与帮助，在此表示衷心感谢！

由于水平有限，时间仓促，本书在编写的过程中难免存在着不足与错误，真诚地希望各位专家、教师、读者批评指正。

陆　蓉

于武汉职业技术学院

目 录

学习单元一　服务人员形象概况 ·· 1
　第一节　服务人员职业形象 ·· 1
　第二节　服务人员的职业精神 ·· 7
　第三节　服务人员的职业技能 ··· 12

学习单元二　服务人员的面部形象 ··· 15
　第一节　服务人员的日常皮肤保养与妆前保养 ··························· 15
　第二节　化妆用品与化妆工具的分类与特点 ······························ 19
　第三节　面部化妆的基本步骤 ··· 27
　第四节　面部化妆技巧 ·· 28
　第五节　服务人员应具备的色彩搭配技巧 ································· 39

学习单元三　服务人员的头发形象 ··· 43
　第一节　服务人员的头发保养 ··· 43
　第二节　服务人员的发型要求 ··· 47

学习单元四　服务人员的服饰形象 ··· 52
　第一节　服务人员的制服规范 ··· 52
　第二节　服务人员应具备的配件使用技巧 ································· 59
　第三节　服饰形象的色彩搭配技巧 ·· 66

学习单元五　服务人员的言谈举止形象 ······································ 71
　第一节　服务人员的面部表情 ··· 71
　第二节　服务人员的站姿 ·· 77
　第三节　服务人员的坐姿 ·· 86
　第四节　服务人员的走姿 ·· 99
　第五节　服务人员的蹲姿 ··· 104
　第六节　服务人员的鞠躬礼 ·· 110
　第七节　服务人员的服务手势 ·· 117
　第八节　服务人员的言语形象 ·· 124

参考文献 ·· 130

学习单元一　服务人员形象概况

学习提示

服务人员的职业化形象是指服务人员通过衣着打扮、言行举止、职业意识等方面反映企业和员工的公众形象,同时也反映出服务人员在该职业领域的专业性与规范性。通俗地说,就是干一行像一行。职业化形象有三个要素:职业形象、职业精神、职业技能。各要素间都是相互作用、相互联系、相互协同的关系。职业精神是基础与保障;具备以顾客为中心的服务意识,就能有站在顾客立场保护顾客利益的服务态度;有了正确的服务态度,就有了改变职业形象、学习服务知识和服务技能的自觉性和主动性。这就是各个要素之间的逻辑关系。

教学目标

- 认识职业化形象的重要性。
- 了解职业化形象的三要素以及各自特点。

第一节　服务人员职业形象

很多老师都曾说过:"空乘专业学生的制服太好看了,每次在校园里看见这些准空乘们走过都觉得特别美!"如果问她们:"你们是觉得每个学生都长得漂亮吗?"他们都说:"不一定,她们中也有长相一般的,只是给人整体的感觉非常好,气质不凡。"航空服务业是我国"窗口"行业中的佼佼者,受到越来越多的行业与人们的关注与期待。当空中乘务员列队进场的时候,统一、整齐、挺括的着装,完美的化妆,精致的盘发,统一的步伐,在步入候机楼的那一刻,油然而生的是一种职业的自豪感。这就是职业化带给大家的一种荣誉感,是一个移动的广告牌。空中乘务员身上的制服,就是公司的形象,职业化不是一个人的职业化,而是一个团队的职业化。如果有些乘务员不注重这些细节,交头接耳,不注重自己的形象细节,损害的不单单是个人的职业形象,也损害了公司整体的形象以及空乘的职业化形象。

一、服务人员的仪表形象

(一) 妆容规范

空乘服务标准可以说是服务行业的最高标准,不但着装举止有标准,服务程序有规范,就连脸上的妆容都有一定之规,所以值得其他服务行业学习。一名合格的空乘服务人员除了在服务的过程中,通过对服务对象的关爱、周到的服务,体现其高尚品质与素养,外表形象也要给服务对象留下完美印象,以促进服务的顺利进行,同时,也显示出服务的内涵与价值。当人们提及新加坡航空时,第一个映入脑海的便是新加坡航空空中乘务员落落大方的形象。众所周知,新加坡航空之所以能赢得口碑所依赖的恰好是"新加坡小姐"。一副靓丽的妆容可以让女性气质非凡;一名空中乘务员可以用她的职业和自信诠释出客舱的美丽。为了打造优质服务品牌,提升服务内涵,展现乘务员的形象风采,中国东方航空公司(以下简称东航)特聘专业的形象设计公司,为近5500名"空中乘务员"量身订做了蓝紫色系、紫色系、金棕色系3套彩妆模板,全力打造乘务员得体、优雅、亮丽的整体职业形象。这也是国内航空公司首次为乘务员聘请形象顾问。本次活动特别聘请了化妆大师毛戈平为东航乘务员形象顾问,并由资深化妆师根据每一位空姐的外形特点和企业的共性需求,提供一对一、手把手的辅导。每位乘务员在经过了前期的培训后,再利用业余时间针对老师教授的内容进行反复练习和摸索。然后,将接受全面考核:由化妆师亲自对每位乘务员定妆后的效果予以打分,并颁发个人专属的妆容"色卡",以便在飞行前进行妆容检查。妆容与"色卡"上的标准相符才能上岗。这次东航斥资塑造全新乘务员形象的培训活动目的在于使东航乘务员真正成为"东方淑女"的形象代表,从而让乘务员在服务的过程中更加职业化,更加靓丽,更具亲和力。

(二) 服饰规范

人们之所以会觉得空中乘务员行走的队列十分美观,首先得益于严格的制服穿着规范。制服是一种很特殊的服装,通过一件制服可以看出一个人的职业形象,展现其精神风貌。乘务员的制服不是简单通过大、中、小号来订制的,而是给每个人量体裁衣,所以穿在身上十分合体,即便有些乘务员因为身材的变化略有不合身,也会把衣服送到外面的裁缝店修改合体。只有合身的制服,才能够显露出好的身材,在工作时也会显得精干利落。同时,要确保干净、整洁、挺括,在着制服时,尽量少带首饰,因为制服本身是一种不需要装饰品的、朴素的衣服。

每个空中乘务员的小背包里都备有连裤丝袜,任何时候都不应该让挂丝、破洞的丝袜穿在腿上;皮鞋每天都需要擦拭,以保持光亮清洁;长发会按照规定的样式盘好发髻,短发也会打理得干练而精神,额前的刘海不会长过眉毛,后面的头发也不会长过衣领,头发的颜色不会有夸张的染色和挑染;两人以上的乘务员在行走时就会自然成队,左肩背包右手拉箱,不能勾肩搭背地聊天。所以,制服的美不在于单纯的服装款式和质地,而是源于整体的穿着及与之相称的配饰、发型、表情和举止。

二、服务人员的形体规范

形体规范指人们在活动中各种身体姿势的总称,人们是通过各种姿势的变化来完成各项活动,以此来展现个人所具有的独特形体魅力。在与顾客交流的过程中,服务人员的一言一行、一举一动都将影响到顾客对我们所提供的整体服务的感受,因此,在服务过程中,优雅的形体姿态不仅可以带给顾客美的享受,更是展现企业形象、提高广大顾客对企业认知度的最佳时机。人的形体语言包括表情语言和动作语言两大类。

（一）表情语言

微笑,在表情语言中是最温馨、最具吸引力的"情绪语言",既微妙又永恒。不管它的内涵多么丰富,诸如友好、愉悦、欢乐、欢迎、欣赏、拒绝、否定、尴尬等,但它给予人们的信息却往往都是愉快的。服务人员对顾客的每一次微笑都会让人感到善意、理解和支持。它可以在一定程度上代替语言方面的解释,有时往往起到无声胜有声的作用。沃尔玛的创始人山姆很早便意识到微笑的魅力有多么大。他对店员们说:"让我们成为世界上最友好的服务员——露出表示欢迎的微笑,向所有进入我们商店的人提供帮助,提供更好的、超越客户期望的服务。你们是世界上最好的店员,最有爱心的店员,你们完全可以做到这一点。如果你做到了,那么他们就会一次又一次光临我们的店。"在日后沃尔玛的发展中,山姆总不断对店员强调微笑的重要性。例如,在公司举行的某些仪式上,他要求员工举手宣誓:"我保证今后对每位来到我面前的顾客微笑,用眼睛向他们致意,并问候他们。"公司特意在每家商店门口安排一位年纪较大的老店员,向每位进店的顾客问候,送上购物车和一纸广告,并且一直面带微笑,对离去的顾客也微笑着说再见。虽然有些经理因增加了开支反对设置这一工作岗位,山姆却极力支持。因为他认为,在沃尔玛,顾客光顾时第一印象就是微笑,这是极其重要的。因此,沃尔玛有一个非常有名的"三米微笑"原则:它要求员工做到"当顾客走到距离你三米范围内时,你要温和地看着顾客的眼睛向他打招呼,并询问是否需要帮助"。同时,对顾客的微笑还有量化的标准,即对顾客微笑时要露出"八颗牙齿",为此他们聘用那些愿意看着顾客眼睛微笑的员工。一位共同创始人这样回忆到:"由于沃尔玛公司的待人方式,我们与之关系特别密切,并带来巨大的精神鼓舞。我们参观了他的公司。他拥有40万员工,不管走到哪儿,员工们都面带微笑。他证明人是可以被激励的,他是第一个攀上顶峰的人。"因此,山姆的微笑魅力不仅感染了他的员工,也感染了他的竞争对手,最重要的是,赢得了所有顾客的心。如果服务人员对自己从事的职业有了明确的认识以及深刻的情感体验,认识到微笑服务的意义和作用,就会从心灵深处具有微笑服务的意识,会以强烈的责任感和饱满的热情,全身心地投入到工作中去,自觉地、甘心情愿地为顾客提供微笑服务。

(二) 动作语言

动作语言一般分为手势语和姿态语。手势语通过手和手指活动来传递信息,它包括握手、招手、邀请、指引和手指动作等。手势语可以表达友好、祝贺、欢迎、惜别等多种意义。姿态语,是指通过坐、立等姿势的变化表达信息的"体语"。姿态语可以表达自信、乐观、豁达、庄重、矜持、积极向上、感兴趣、尊敬等意思。动作语言丰富而微妙,是人们思想的显露、情感的外化,好似一个信息发射塔。林语堂大师是这样说的:"女人的美不是在脸孔上,是在姿态上。姿态是活的,脸孔是死的,姿态犹不足,姿态只是心灵的表现;美是在心灵上的。有那样慧心,必有那样姿态,搽粉打扮是打不来的。"

很显然,动作姿态和女人的容貌基本无关。也就是说,即便是一个天生五官欠端正的女人,也大有机会凭借后天的努力,最终压倒群芳,以"姿态"胜出。反过来,若一个女人天生丽质,后天却在"姿态"上放松对自己的要求,那就是暴殄天物。当然,若天生丽质再加上仪态万方,便可谓锦上添花。由此可见,美在于姿态,但是美丽的姿态不是天生就有的,"美"可以通过后天塑造出来。当空姐们出现在机场时,会成为众人瞩目的焦点,完全可以像明星一样吸引人的眼球,在众人的目光下,优雅、从容而自信地倾倒众生。当然,这一切并不是天生得来的,她们需要经历一番艰苦而严格的训练,才可以习惯性地展现富有内涵的、自信的、优雅高贵的气质。空姐保持良好体态的秘诀在于"提收松挺,并持之以恒。如果颈部错位,胸部不挺括,扣肩蹋背,臀部下坠,行走拖沓,再飘逸的衣服也穿不出效果来。所以,在形体塑造中,有一条非常重要,就是"提收松挺,并持之以恒"。提是拉直颈部,收是收腹收臀,松是两肩向后自然放松,挺是挺胸。也许听起来简单容易,可是,如果一直保持就不那么简单了。而形体塑造的要求就是坚持,从而达到收体的效果,使身材变得挺拔。看来美是从苦练中打造出来的。优雅气质,完善体形,的确来自不易,当然吃得苦中苦,方能美上美。

三、服务人员的语言形象

从本质上说,服务就是沟通。因为只有通过沟通,才有可能了解顾客的需求;只有通过沟通,才能够向顾客作出准确的建议;只有通过沟通,才能表达对顾客的情感;只有通过沟通,才能有效化解与顾客之间的冲突。因此,把话说得恰到好处是每一名服务人员生活和工作中最基本、最重要的一项工作技能。具备良好的语言形象,能让人左右逢源,如鱼得水;反之,则会处处受限,寸步难行。

(一) 语言规范

在服务工作之中,服务人员在同服务对象所接触的整个过程中,始终都离不开双方的语言交流。对广大服务人员而言,个人的语言形象既是个人素质的直接表现,也直接影响服务的品质,还直接影响所在企业的形象与声誉。所以,服务人员在服务于他人时,一定要注重语言形式的规范、语言程序的规范、服务用语的规范。

1. 形式的规范

(1) 恰到好处,点到为止。服务不是演讲也不是讲课,服务人员在服务时只要清楚、亲切、准确地表达出自己的意思即可,不宜多说话。而我们的目的是要启发顾客多说话,让他们能在这里得到尊重,得到放松,释放自己心理的压力,尽可能地表达自己消费的意愿和对公司的意见。

(2) 有声服务。没有声音的服务,是缺乏热情的,冷冰冰的,没有魅力的。因而在服务的过程中,不能只有鞠躬、点头,没有问候;只有手势,没有语言的配合。

(3) 轻声服务。传统服务是吆喝服务,而现代服务是轻声服务,要为顾客保留一片宁静的天地。因而服务人员不能在远处招呼、应答。要求三轻,即说话轻、走路轻、操作轻。

(4) 清楚服务。一些服务人员往往由于腼腆,或者普通话说得不好,在服务过程中不能向客人提供清楚的服务,造成了顾客的不满或者误会。这就妨碍了主客之间的沟通,耽误了正常的工作。

2. 程序的规范

(1) 顾客来到有迎声。

(2) 顾客离开有道别声。

(3) 顾客帮忙或表场时,有致谢声。

(4) 顾客欠安或者遇见顾客的时候,有问候声。

(5) 服务不周有道歉声。

(6) 服务之前有提醒声。

(7) 顾客呼唤时有回应声。

3. 服务用语的规范

一般来说,服务组织都制定了一整套服务语言规范,比如"您好"不离口,"请"字放前头,"对不起"时时有,"谢谢"跟后头,"再见"送客走;以及针对不同场合的服务用语的不同类型做出明确规定,比如六种礼貌用语:问候用语、征求用语、致歉用语、致谢用语、尊称用语、道别用语。对于一名服务行业的工作人员,有很多行业标准来要求我们,也有很多技术考验我们,而正当我们在不断追求这些高标准、严要求的时候,却也常常忽略最基本的服务用语。要成为一名合格的服务工作者,首先就要遵守服务用语规范,这是一个简单却行之有效的提高服务水平的方法。

当顾客走进一间餐厅,最希望看到的就是迎宾服务员热情礼貌地走上前来问候:"您好!欢迎光临,请问您几位?"就这么简单的一句话,会给顾客一个好的心情,也让顾客体会到以客为尊的感受。同样的道理,当看到迎面而来的顾客的时候,也应主动热情地送上最温馨的问候。我们常说:在服务的过程中,迎客是最基本、最重要的环节,顾客对于服务好坏主要的判断就来自于服务者的第一印象,一句简单的问候就可能在稍后的服务中起到良好的作用。先入为主的良好印象会帮助加深顾客对服务工作中没有达到的标准或稍欠的工作技能的理解，可以减少很多不必要的麻烦。要对顾客做到"敬而不失，恭而有礼"，能体现出服务人员的礼貌、高尚、大度、文雅，才能给顾客带来心理的愉悦与满足，博得顾客的好感。人与人的交流是相互的，换位思考一下，自己希望被别人尊重，就要先学会尊重别人，使用礼貌用语不仅仅是一个服务者的基本标准，更是一个公民素质的基本体现。

（二）语言艺术化

某大型酒店的服务员，因为一天早晨向同一位顾客问候了三次"您好，先生"，而被顾客投诉到了该酒店的总经理那里。其原因是，这位顾客认为服务员的问候刻板、缺少情感、千人一面、千遍一音，感觉不舒服。因此，标准化用语人情味不足，容易使人感到"机械"成分太多，且有限的几句标准用语很难适应瞬息万变的各种服务场景，所以，在服务的过程中，要善于察言观色，区别对待，掌握语言表达的艺术化与个性化，避免平淡、乏味、机械。如日本企业提出的"彩虹式"打招呼法，与标准化的"您好，欢迎光临"不同，服务者可根据顾客的情况不同而采用灵活多变的方法打招呼。如遇常客，则可说："××先生/小姐您来了。"如遇顾客半途返回，则说："××先生，您回来了。"艺术性服务语言不像一般性的礼貌用语那样程式化，所以不容易掌握，但它都是以尊重顾客、维护顾客尊严为出发点，不仅以理服人，更是以情感人，使顾客心悦诚服。前不久在报纸上看到这样一件事：有一位顾客把装有转账支票、工资入账花名册的信封忘在了银行的柜台上，被人拿走了。后来经过查看录像，发现是被另一位顾客"顺手牵羊"了。通过查看业务传票，银行员工找到了该顾客的联系电话，委婉地询问："您刚才是不是捡到一个信封？看您急匆匆跑出去，我想您一定是去寻找失主了，真是感谢。录像可以帮助我们准确确认失主，麻烦您将信封送回我们这里好吗？"拿走信封的人很干脆地回答："好的。"寥寥数语解决了一个非常棘手的难题，让人不得不佩服这位员工对服务语言艺术性的把握：既故意装糊涂地恭维了拾信封的人，同时又绵里藏针地告诉他，银行有电视监控，不承认不行，让拾信封的人只好"借坡下驴"归还了失物。

下面来谈一下服务用语艺术化的表达技巧。在服务的语言表达中，应尽量避免使用负面语言。比如说，我不能、我不会、我不愿意、我不可以等，这些都叫负面语言。那么，当你向顾客说出一些负面语言的时候，顾客就感到你不能帮助他。顾客不喜欢听到这些话，他只对解决问题感兴趣。服务人员应该告诉顾客，能够做什么，而不是不能做什么，这样就可以创造积极的、正面的谈话氛围。下面以顾客向酒店员工询问充电器为例，分析不同版本的语言应答。

酒店一：对不起，我们没有手机充电器。

酒店二：对不起，我们没有您这种型号的充电器。

酒店三:对不起,我们没有您这种型号的充电器,但是我可以帮您找找看。2分钟后来告知:对不起,让您久等了,确实没有。

酒店四:对不起,我们没有您这种型号的充电器,但是我可以帮您找找看。2分钟后来告知:对不起,让您久等了,我帮您借了一个员工的充电器。

上面的"有没有充电器"这一问题,不同的对待会得出不同的结果。在服务的语言中没有"我没有"。当你说"我没有"的时候,顾客的注意力就不会集中在你所能给予的事情上,他会集中在"为什么没有"、"凭什么没有"上。而酒店三的回答实际上与酒店一、二表达的意思是一样的,但是可以让其从心理上面得到另外一种满足,没有充电器,我们可以去借、去找,甚至去买,但关键的是我们有没有竭尽全力为顾客服务的态度。因此服务员讲话时对客户产生的影响是一种感觉,而不是事实。语言缺少了表达技巧,便如同大地少了阳光,暗淡无光,让我们在实践中学习表达的技巧,用智慧打造亮丽的语言,这样我们的语言才富有魅力。

第二节 服务人员的职业精神

一、职业道德

搜狐公司总裁张朝阳说:"我们公司聘人的标准是敬业精神。对待工作的态度,我认为是个职业道德问题。在美国,如果一个人做不好本职工作,他就会失去信誉,就算找别的工作,也没有可信度了!敬业精神是个比较理性的概念,但实行起来,可以明显地感觉出来,是否把工作当做自己生活中重要的事情,是否为了干好工作与别人协作好、配合好,是很容易看出来的。"一个中国留学生在日本东京一家餐馆打工,老板要求洗盘子时要刷6遍。一开始他还能按照要求去做,刷着刷着,他发现少刷1遍也挺干净,于是就只刷5遍。后来,他发现再少刷1遍盘子还是挺干净,于是就又减少了1遍,只刷4遍。他暗中留意另外一个打工的日本人,发现他还是老老实实地刷6遍,速度自然要比自己慢许多。于是他出于"好心",悄悄地告诉那个日本人说,可以少刷1遍,老板看不出来的。谁知道那个日本人一听,竟惊讶地说:"规定要刷6遍,就该刷6遍,怎么能少刷1遍呢?"从这个案例中我们可以看出两种工作态度的根本区别,如果你是老板,你愿意用哪种心态的员工?

(一)爱岗敬业

要求把自己工作职责范围内的事情做好,该做到的一定做到,违反规定的事情一律不做。良好职业道德的养成,要从忠于职守、爱岗敬业开始,把自己的心血全部用在自己的岗位上,把自己的职业作为生命的一部分去尽职尽责地做好。换而言之,自己的本职工作都做不好谁会尊重你呢?所以,对于渴望成功的人,热爱你的本职工作,精通工作内容,培养一种踏实、勤奋的工作作风,才是个人理想得以实现的基石。

清水龟之助是日本一个普通的邮差,他每天一大早出门,用自行车载着报刊和邮件,穿梭于大街小巷。在现代日本社会,很少有人以此为终身职业,因为这个差事辛苦且收入微薄。但是,他一干就是25年,而且在这25年中,工作态度始终和他第一天到职时一致,从未有过请假、迟到、早退……,任何的缺勤状况。不管狂风暴雨、天寒地冻,甚至连数次日本大地震灾难当中,清水龟之助总是能够准确地将信件交到收件人的手上。人们这样评价他说:"凡是接受过他服务的人都很喜欢他,因为他每天都很快乐,从他手中拿到信件的时候,也收到了一份快乐。"衡量一个人是否爱岗敬业,就是无论把他放在哪一个岗位上,他都能兢兢业业、任劳任怨地发挥自己的聪明才智。正所谓"干一行,爱一行",同时也是成就个人理想的基本要求。清水龟之助的工作很平凡,但其持之以恒的精神和快乐的职业情感十分可贵,后来日本政府授予他终身成就奖。是什么样的力量,让他得以不屈不挠、持之以恒地将一件极为平凡的工作,幻化成一项伟大无比的成就,从他受奖时的感言中,可见一斑。清水龟之助的得奖感言,只有极简单的陈述。他木讷地告诉所有的人,他之所以能够25年如一日地做好邮差的工作,主要是他喜欢看到人们接获远方亲友捎来的讯息时,脸上那种喜悦无比的表情。清水龟之助表示,只要一想起那种令他感动的神情,即使再恶劣的天候、再危险的状况,也无法阻止他一定要将信件送达的强大决心,这正是清水龟之助完成这项伟大成就的真正动力。由此我们可以看出,职业对每个人而言除了谋生的功能外,还具有更为重要的意义,那就是证明自己的社会存在,帮助我们实现自我价值。既然职业对于每个人而言有着如此重要的意义,那么,我们就没有理由轻视或者漠视它,而应该以虔敬之心对待它,这就是爱岗敬业。

(二)顾客至上

"顾客至上",是服务行业的根本。"顾客至上",以"顾客的快乐就是自己的最大快乐"为核心,为顾客提供更细致、更周到的人性化服务,把顾客视为真正的"上帝"。美国沃尔玛公司作为世界最大的零售企业,"顾客至上"的原则可谓家喻户晓,它的两条规定更是尽人皆知:第一条规定,"顾客永远是对的";第二条规定,"如果顾客恰好错了,请参照第一条!"更为与众不同的是沃尔玛的顾客关系哲学——顾客是员工的"老板"和"上司"。每一个初到沃尔玛的员工都被谆谆告诫:你不是为主管或者经理工作,其实你和他们没有什么分别,你们只是共同拥有一个"老板"——顾客。顾客是工资的发放者,是衣食父母。要用友好、礼貌和对他人需求的关注,让顾客真正享受一些从未享受过的关爱,让他们每天都有宾至如归的感觉,乘兴而来,满意而归。为使顾客在购物过程中自始至终地感到愉快,沃尔玛要求它的员工的服务要超越顾客的期望值;永远要把顾客带到他们找寻的商品前,而不是仅仅给顾客指一指,或是告诉他们商品在哪儿;熟悉本部门商品的优点、差别和价格高低,每天开始工作前花5分钟熟悉一下新产品;对常来的顾客,打招呼要特别热情,让他有被重视的感觉。因此，在"顾客第一"的指引下，沃尔玛逐步扩大，发展为世界超一流的零售王国。正如可口可乐董事长兼总裁罗伯特·戈泽塔先生所说："创始人山姆比其他人清楚，企业的生存离不开顾客。因此他一直强调，零售业所有工作的中心和努力的方向都是令顾客满意。对于这个原则和信念，山姆始终贯彻如一。"

二、服务意识

服务意识是指服务人员与顾客服务的过程中所体现的为其提供热情、周到、主动服务的欲望和意识。即自觉、主动做好服务工作的一种观念和愿望，它发自服务人员的内心。服务意识有强烈与淡漠、主动与被动之分。这是认识程度问题，认识深刻就会有强烈的服务意识。

（一）主动服务与被动服务

主动服务，是指主动发现并满足顾客需要的行为。与其对应，被动服务则是指在顾客的请求或要求下，才去满足顾客需要的行为。越来越多的顾客将自己视为至尊的荣者，在他们看来，你有责任也应该有能力主动发现他们的需求，并在第一时间为他们提供恰当的接待服务，让他们的主人心理得到最大限度的满足。主动服务本身标志着服务意识要领先于被动服务者的服务意识，所表现出来的热情好客态度，能够被顾客有效感知，从而产生美好的顾客享受。在快乐心情的影响下，顾客更愿意和你进行有效的沟通，进而促进和谐的氛围。这就要求你必须善于主动发现和深入探究顾客的需求，而不是等着让顾客来找你诉说他们的需求，并要求你为他提供服务。有一次，某航班上出现了从未见过的奇怪现象：座位中间狭窄的通道上乘客排起了长队等待上卫生间。原来经济舱的两个卫生间有一个坏了，只有一个能使用。排队的乘客向一位空姐提出解决这一问题的要求时，谁知空姐冷冷地回答道："卫生间坏了，我有什么办法！"几个乘客立即反驳道："卫生间坏了是你们工作没有做好，不应该让顾客承担这个后果。"空姐没有理会乘客的意见，转头就走了，排队的乘客只好无奈地摇头。这一案例充分说明被动的服务导致工作的低效率和低品质。这位乘务员的根本错误在于没有明确自己的角色，又不是我造成的，凭什么我要受旅客的气。旅客支付费用购买我们的产品，而这产品包括两个方面的内容：一是实物产品——航空器上某一座位在某一时间的使用权；另一内容是无形的产品——服务，旅客购买服务的目的是在满足实际的需求的同时得到精神的愉悦。因此，服务员要充分理解旅客的需求，即使提出超越服务范围、但又是正当的需求，也不是旅客的过分，而是我们服务产品的不足，所以我们必须向旅客表示歉意，取得旅客的谅解。即便是旅客对此大发雷霆，对此出格的态度和要求，我们也应该给予理解，并以更优的服务去感化旅客。

（二）建立正确的服务意识

有这样一个故事，猫头鹰忙碌地在树林里飞着。一旁的斑鸠好奇地问："老兄，你究竟在忙什么？"猫头鹰回答说："我在忙着搬家。"斑鸠不解地问："这树林不是你的老家吗？你干吗要搬走呢？"猫头鹰叹气道："在这个树林里，我实在住不下去了，大家都讨厌我的叫声。"斑鸠同情地说："你唱歌的声音实在不敢恭维，尤其在晚上更是扰人清梦。其实，你只要改变一下你的声音，或者在晚上不要唱歌，在这林子里你还是可以住下去的。否则即使搬到其他地方，那里的动物一样会讨厌你的。"你有没有发现身边有些人颇像这只猫头鹰，总是在抱怨环境对自己不利，老板、同事对自己不好，而从来没有从自身找原因。

　　我们经常也会听到服务人员的抱怨：现在的顾客素质越来越差，服务这碗饭真不好吃，本来人人平等，为何我要服务别人，我的命很苦。为了挣这点钱，值得我付出这么多吗？这是很多人在正确的服务意识尚未真正建立之前的一种正常心理活动。尤其是当我们为顾客服务却得不到平等回报的时候，更会感觉到自己委屈了，似乎很不值得……怨天尤人的人只见问题，不见办法；只会抱怨，不懂感恩。说明他们对服务意识有一些认识上的误区，为了克服这一心理障碍，要明白这样一个道理，在对旅客服务的时候，服务员是服务的提供者，顾客是服务的享受者。服务的提供者永远不可能与享受者平等，这样的不平等被服务大师定义为合理的不平等。所以，我们服务人员应提高自己的角色认知能力，即每个员工在服务这个大舞台上，都在充当主动、周到服务他人的角色，员工是什么角色就唱什么调，绝不能反串。在这一角色认知下，不管旅客叫我们做什么，只要旅客的要求和行为不违反法律、不违背社会公共道德以及不涉及飞行安全，我们都必须表现出对旅客服从，乐于被旅客使唤，并照做不误，并以顾客的满意为最终的追求。这就是服务中最正确的服务意识。服务者必须暂时放弃个人的独立自主，全心全意去遵从另一方的价值观念。一般而言，你认为谁对你最重要，你就会更乐于为谁服务，且服务得更好。通常，我们都已经习惯于为自己的孩子服务，为自己的家人服务，为自己的朋友服务，为自己的上司服务，做到这些，在大家看来，都不是一件太难的事情，因为他们对自己很重要，所以，你会发自内心地愿意为他们服务。因而，把我们的顾客当做是我们的亲人、我们的朋友，他们需要我们的帮助，时时刻刻需要我们亲情式的服务。朋友和亲人是双向的，同样顾客也把企业当作亲人和朋友，才会记着、想着我们，会为我们的得失而忧心，会关心企业的成长。

三、服务人员的职业心态

　　在企业之中，我们可以看到形形色色的人。每个人都有自己的工作态度，有的勤勉进取，有的悠闲自在，有的得过且过。工作态度决定工作成绩。所以，员工与员工之间在竞争智慧和能力的同时，也在竞争态度。一个人能否从众人中脱颖而出，固然需要他的能力超越众人，更需要他的态度比别人更积极。一个人具有了某种态度不一定能成功，但是成功的人们都有着一些相同的态度。好的职业心态是营养品，会滋润人生，将每一次工作任务都视为一个新的开始，一段新的体验，一扇通往成功的机会之门。积累小成绩，成就大事业。反之，不好的职业心态视工作如鸡肋，食之无味、弃之可惜,结果做的心不甘情不愿,于公于私都没有裨益。

(一)把职业当成你的事业

在很多人眼里,工作只是一种简单的雇佣关系,拿多少钱做多少事情,为公司干活,公司付一份报酬,等价交换而已,多一点也不干。这说明他们没有意识到真正的工作是什么,不明白自己工作是为了什么,为谁工作。我们到底是在为谁工作呢?工作着的人们都应该问问自己。如果不弄清这个问题,不调整好自己的职业心态,很可能与成功无缘。

杰克在一家贸易公司做了不到一年,由于不满意自己的工作,他忿忿地对朋友说:"我在公司里的工资是最低的,老板也不把我放在眼里,如果再这样下去,总有一天我要跟他拍桌子,然后辞职不干。""你把那家贸易公司的业务都弄清楚了吗?做国际贸易的窍门完全弄懂了吗?"他的朋友问道。"还没有!""君子报仇十年不晚!我建议你先静下心来,认认真真地工作,把他们的一切贸易技巧、商业文书和公司组织完全搞通,甚至包括如何书写合同等具体细节都弄懂了之后,再一走了之,这样做岂不是既出了气,又有许多收获吗?"杰克听从了朋友的建议,一改往日的散漫习惯,开始认认真真地工作起来,甚至下班以后,还常常留在办公室里研究商业文书的写法。一年之后,那位朋友偶然遇到他。"现在大概都学会了,可以准备拍桌子不干了吧?""可是,我发现近半年来老板对我刮目相看,最近更是委以重任,又升值,又加薪。说实话,不仅仅老板,公司里的其他人都开始敬重我了!"很幸运的是杰克他只用了一年的时间就深刻体会到一个人生哲理:"我们在为老总打工的同时,也是在为自己工作",工作不仅能赚到养家糊口的薪水,同时,困难的事务能锻炼我们的意志,新的任务能拓展我们的才能,与同事的合作能培养我们的人格,与外界的交流能训练我们的品性。从某种意义上来说,工作是提供给我们成长和各种收获的起点与机会,只有这些才是自己事业大厦最不可缺少的基石,也是获得薪酬的最大资本,薪酬就如同这座大厦漂亮的装潢,随时可以更换。

(二)认真工作是真正的聪明

重温一个熟知的故事:乔治做了一辈子的木匠工作,并且以其敬业和勤奋而深得老板的信任。年老力衰,乔治对老板说,自己想退休回家与妻子儿女享受天伦之乐。老板十分舍不得他,再三挽留,但是他去意已决,不为所动。老板只好答应他的请辞,但希望他能再帮助自己盖一座房子。乔治自然无法推辞。乔治已归心似箭,心思全不在工作上了,用料也不那么严格,做出的活也全无往日的水准。老板看在眼里,但却什么也没说。等到房子盖好后,老板将钥匙交给了乔治。"这是你的房子,"老板说,"我送给你的礼物。"老木匠愣住了,悔恨和羞愧溢于言表。他这一生盖了那么多华亭豪宅,最后却为自己建了这样一座粗制滥造的房子。听了这个故事,我们反思一下自己,有没有做过像这位木匠的蠢事呢?敷衍的结果就是自己为自己造一所粗制滥造的房子……因为今天你工作的态度决定你以后所住的房子的品质……《士兵突击》里许三多的扮演者王宝强在接受采访时的一段话,也很好地说明这个问题。主持人问他:"你当初在剧组里当群众演员时有没有想过,就这样跑龙套、打杂如果得不到机会成不了明星怎么办?他脱口而出:"只要你认真努力地把每件小事情做好,总会有人发现你的!"是啊,这是浅显却不易悟得的道理。良好的工作态度在王宝强的身上已验证了其价值。

第三节　服务人员的职业技能

服务人员的职业技能是指为顾客提供服务时所需要运用的相关知识与技能。职业技能展示的是一个企业为顾客提供产品服务的第一感知,你的技能直接影响到客户的满意度。举一个例子,如何拿杯子,如何倒水,如何把方便留给旅客,这些都是你需要考虑进去的问题,而不是单纯地倒一杯水这么简单,这才能充分体现出你的职业技能。反之,很多服务员不注重细节服务,随意散漫不规范,顾客便会因为一些小事投诉服务员,一单投诉或许算不了什么,但他身边存在的顾客群都因这单投诉而远离我们的企业,这也直接影响到了企业的经济效益。能够用职业化的技能赢得更多顾客的赞赏,拉回更多的回头客,为企业赢得更多的经济效益,这正是职业技能所能发挥的力量,所以职业技能直接影响到服务质量,同时也可以提升团队的专业化水准。

一、服务知识

对于一个服务人员来说,至少应该具备以下三种知识:第一,商品知识;第二,顾客知识;第三,服务文化知识。当顾客向你询问某商品的有关情况时,你如果回答不上来,说明你缺乏服务顾客所需要的商品知识;当你已经了解到顾客的背景情况,却不能判断和理解对方的需要和期待时,说明你缺乏顾客知识;当你感觉自己在接待顾客的过程中缺乏章法时,说明你缺乏服务文化知识。

（一）商品知识

商品知识是指有关商品的属性、特点、功能、好处以及其背后的原因等的知识。技术含量较高、结构比较复杂的商品,必须将商品的特点和功能"翻译"成通俗易懂的语言,才能向顾客讲清楚。在介绍商品的过程中,别忘了把商品的属性和顾客建立联系,如果能让顾客感觉该商品似乎就是专门为他这样的人设计生产的,一定能引起顾客的好感和兴趣。但这需要建立在对顾客的了解上。

（二）顾客知识

学习顾客知识,首先要学习的是,谁是你的顾客?你应该为谁服务?从广义上讲,除自己之外的每一个人,都是潜在顾客。善待每一位登门客,是你要做好的第一件事情。服务好他们,可以让你的美名四处传扬。惹恼了他们,潜在顾客们就会跟着跑光。顾客知识是指你对顾客的背景和服务期待是否了解、了解多少、程度高低,可以使你站在顾客的立场上,思考应该如何为不同类型的顾客提供服务。因为只有当你了解了顾客的期待时,才能够知道自己应该提供怎样的服务,你所提供的服务越接近或超出顾客的期待,顾客就会越满意。如果你总能超出顾客的期待,那么,你显然已经成为服务明星了。了解顾客本身不是唯一的目的,从来自顾客的反馈信息中找到自身存在的问题以及解决问题的方法,有助于我们改进自己的服务效果。

（三）服务文化知识

对很多人而言,服务文化还是一个新概念,也是制约我国企业提升服务品质的一个主要因素。我们可以这样简单地理解服务文化,把它说成是土壤。没有这样的服务土壤,就不可能孕育出服务明星的苗子。在成熟的外国企业里,都有非常完善的服务文化体系,而在我们很多企业里,要么没有服务文化,要么就是不成体系。这就是差距之所在。服务文化是一套由服务理念、服务流程、服务标准、服务行为规范等共同构成的制度体系,用于评价全体员工的服务行为是对还是错、是好还是差。企业的服务文化通常被集合成一本《顾客服务手册》,供员工学习使用。企业的服务竞争力,一定是建立在其先进服务文化的基础之上的。而作为员工,则必须深刻领会公司的服务文化,在服务文化的指导下做好自己的服务工作。没有统一的服务文化,企业便会是一盘散沙,没有高素质员工的有效执行,服务文化便形同虚设。

二、服务技能

常用的服务技能包括业务技能与顾客沟通技能。

（一）业务技能

业务技能是指从事这项工作所需要的专业技能。比如,餐厅服务员所需要的餐饮服务的操作技能。业务技能需要不断地学习中得到提升,只有不断学习,才能做到职业化的业务技能。

（二）顾客沟通技能

沟通技能是从事服务工作所需要掌握的最为重要和关键的技能,从本质上说,服务就是沟通。因为只有通过沟通,才有可能了解顾客的需求;只有通过沟通,才能够向顾客作出准确的建议;只有通过沟通,才能表达对顾客的情感;只有通过沟通,才能有效化解与顾客之间的冲突。因此,把话说得恰到好处是每一名职业化员工生活和工作中最基本、最重要的一项工作技能。良好的语言表达能力,能让你左右逢源,如鱼得水;反之,则会让你处处受限,寸步难行。在南朝时,齐高帝曾与当时的一位书法家一起研习书法。有一次,齐高帝突然问书法家:"我们俩谁的字更好?"这问题比较难回答,说齐高帝的字比自己的好,是违心之言;说齐高帝的字不如自己,又会使齐高帝的面子搁不住,弄不好还会将君臣之间的关系弄得很糟糕。书法家的回答很巧妙:"我的字臣中最好,您的字君中最好。"皇帝就那么一个,而臣子却不计其数,书法家的言外之意是很清楚的。齐高帝领悟了其中的言外之意,哈哈一笑。俗话说:"一句话能把人说笑,也能把人说跳。"所以,我们在沟通中,不仅要注意说话的内容,还要注意说话的方式。我们看看一个大家都熟悉的故事:有个人为了庆祝自己的40岁生日,特别邀请了四个朋友来家中吃饭。三个朋友准时到了,只剩一人,不知什么原因,就是迟迟没有来。这人有些着急,不禁脱口而出:"急死人了,该来的怎么还没来呢?"其中有一个人听了之后很不高兴,对主人说:"你说该来的还没来,意思就是我们是不该来的,那我告辞了,再见!"说完,他就气冲冲地走了。一个人没来,另一个人又被气走了,主人急得又冒出一句话:"真是的,不该走的却走了。"剩下的两个人,其中有一个人也生气地说:"照你这么讲,该走的是我们啦!好,我走。"说完,他掉头就走了。又把一个人气走了,主人急得如热锅上的蚂蚁,不知所措。最后剩下的这个朋友交情较深,就劝这个人说:"朋友都被你气走了,你说话应该注意一下。"主人很无奈地说:"他们全都误会我了,我根本就不是说他们。"最后这个朋友听了,再也按捺不住,脸色大变道:"什么?你不是说他们,那就是说我了!莫名其妙,有什么了不起的?"说完,他也铁青着脸走了。看完上面这个故事,我们发现,一个人如果说话不得体,不仅会破坏人际和谐,影响朋友友谊,有时甚至还会影响个人形象。把话说得恰到好处不仅关系人际和谐,而且更是人们事业成功的一个举足轻重的先决条件。语言表达的水平和能力已成为衡量员工职业化的工作技能的一个重要标准。沟通更像是一门人与人之间交往的艺术。追求的是最佳的效果,稍有不慎,便会出纰漏和问题。在我们的服务中,往往由于一句话,会给我们的服务工作带来不同的结果。一句动听的语言,会给公司带来很多回头客;也可能由于你一句难听的话,顾客会永远不再光临;顾客可能还会将他的遭遇告诉其顾客,所以得罪了一名顾客可能相当于得罪十名甚至上百名顾客。

因此,不断提高沟通水平,是我们服务行业的每一个人都应该努力的目标。

思考与讨论

1. 服务人员的仪表形象由哪些部分组成?
2. 正确的服务意识是什么?

学习单元二　服务人员的面部形象

学习提示

面部彩妆是呼应内在与外在的美丽学科,以个人特点为出发点,必须在每个化妆细节中一点一点地探索与积累,通过色彩、线条、明暗、浓淡的巧妙运用,创造理想化的自我。

教学目标

- 遵循职业彩妆的步骤。
- 掌握修饰五官的技能。

第一节　服务人员的日常皮肤保养与妆前保养

真正的美丽妆容源自良好的皮肤基底。好的皮肤就像是一块优质的玉石,无论怎样雕刻,都是一块美玉。一般来说,服务人员的完整皮肤保养主要分为日常基础保养与每周特殊护理两部分,日常基础保养是服务人员每天都必须履行的护肤步骤,若皮肤出现问题,如黑眼圈、眼袋、肤色暗淡、毛孔粗大、干燥、斑点等,每日还需进行补充性保养,比如美白、眼部护理等。每周特殊护理是指每周进行去角质、按摩、敷面等步骤,去除老化的细胞,预防角质增厚,加速新陈代谢,使养分更易吸收,增加肌肤的弹性与光泽。

一、服务人员选择适合自己的护肤品

曾经红极一时的台湾美容大王——大S美容理念遭受新的挑战,看到很多网友描述自己盲目跟风的教训,但也有不少受益者的支持,我们不难发现问题,为什么同一种产品,会有不同的效果呢?答案很简单:化妆品不是万能的,即使现在科学发达,一种化妆品能集多种功能为一身,但也不是人人都适用的。因此,服务人员在选择护肤品与化妆品之前,一定要弄清楚自己的皮肤特点与属性。大致来说,有五种肤质。

(1) 油性皮肤。皮脂分泌旺盛,皮质粗糙且易生暗疮、青春痘、粉刺等,但由于肌肤弹性好,老化情况不容易产生。

（2）干性皮肤。缺乏油脂和水分的皮肤。皮肤较薄，干燥且缺乏弹性。由于缺乏滋润，容易衰老出现皱纹。

（3）中性皮肤。是理想的皮肤状态，水分和皮脂分泌适中，皮肤有弹性、有光泽，毛孔较细。

（4）混合型皮肤。常见又最难缠的肤质，兼有油性皮肤和干性皮肤的两种特点。这类皮肤主要T字位比较油，而其他部位偏干。所以，无论是保养还是化妆都需要区别对待。

（5）敏感性皮肤。皮肤细腻白皙，表皮薄，微血管明显，皮脂分泌少，较干燥。其显著特点是皮肤很脆弱，遇到刺激性物质或外界环境的变化，肌肤无法调适，极易出现过敏现象。敏感性肌肤可以说是一种不安定的肌肤，是一种随时处在高度警戒状态的皮肤。

要提醒大家的是，随着年龄增长、环境变化、生活习惯的改变等因素，肤质会发生变化的。服务人员必须细心观察肤质的变化，结合自己的生活和工作环境去挑选属于自己的产品。

二、服务人员的日常皮肤的基础保养

（一）清洁皮肤

彻底清洁肌肤是创造美丽肌肤的第一步。清洁肌肤分为清洁（洗脸和爽肤）与深层清洁（去角质），这两步是保证肌肤正常血液循环和新陈代谢的基础，也是确保肌肤健康活力的重要环节。洁面的目的在于彻底清除肌肤表层的尘垢、汗渍和脱落的角质，毛孔中的排泄物以及彩妆。

（二）补水与保湿

想拥有吹弹可破的水嫩肌肤，最重要的两大关键就是补水和控油，无论什么类型的肌肤属性，一旦拥有足够的保水度，肤质表层就会形成水润、平滑的触感，让彩妆更加完美服帖。相反，若肌肤出现缺水的征兆，角质层排列就呈现紊乱现象。不但肤质变得干巴巴，失去原有的饱满和弹力，甚至肤色也逐渐暗淡无光。尤其对于空乘人员来说，长期工作在干燥的机舱内，一定要注意保湿与补水。只有注重保湿，油脂分泌就会正常，反之，肌肤除了发出干燥的警报外，更会出现油水不平衡的情形。如果肌肤拼命地出油，你又一味地用控油产品，那么干燥的现象会更加恶化，导致皮肤出现脱皮、细纹，甚至老化现象。

（三）防晒

紫外线是令我们皮肤老化的元凶，紫外线可细分为长波长的UVA和中波长的UVB。其中长波长的紫外线是令皮肤提前衰老的最主要原因，而且UVA的强度不会受季节和天气变化的影响，所以一年四季都要注重防晒。而中波长的紫外线，可到达真皮层，使皮肤被晒伤，引起皮肤脱皮、红斑、晒黑等现象，但它可被玻璃、遮阳伞、衣服等阻隔。大家熟知的SPF,只是用来衡量防晒产品防护紫外线中UVB能力的标准,这个标准得到了普遍认可。为了给予皮肤更全面的防护,在选购防晒产品的时候,还必须注重产品是否具备防护UVA的能力。那么,在各种防护UVA的标示法中,最常见的应该是PA了。PA,Protection UVA的缩写,防护UVA的强弱以加号"+"的多寡辨别,防护能力最高为三个加号。"PA+"代表低防护力,"PA++"代表中防护力,"PA+++"代表高防护力。

总之,要保护好肌肤,最基本的原则就是不要让肌肤直接暴晒在烈日下,并使用适合肤质、适合场地的防晒品,再加上适当的防晒措施,如帽子、遮阳伞、长袖外衣等,就能较有效地阻挡紫外线的伤害。另外,选购防晒品还须考虑到防晒品的防水性及使用场合、环境的阳光强度等。

三、服务人员皮肤的补充性保养

服务人员除了每天都必须履行的基础护肤步骤,在不同的阶段、不同的场合或者皮肤出现问题时,如黑眼圈、眼袋、肤色暗淡、毛孔粗大、干燥、斑点等,每日还需进行补充性保养,比如眼部护理、使用精华液等。

(一) 眼部保养

深邃双眸一直都是每个女士心中梦寐以求的,但是长时间的眼部上妆以及眼部的防护措施不足、不当等因素,很容易让眼部的细纹、鱼尾纹悄悄地透露出女人最大的秘密——年龄。因为女人的衰老,是从眼部开始的,而且眼睛面临的危机和陷阱也是最多的,由于眼部是身体中最薄的肌肤,它的厚度为0.3~0.5mm,不仅最薄,而且异常柔软,因此对外界的伤害难以抵御,容易出现老化现象。此外,眼部也是最贫瘠的肌肤,因为赋予肌肤油脂和光泽的皮脂腺在眼周绝少分布,一旦缺乏外在保养,眼睛就会干燥而产生皱纹,甚至衰老。最后,眼部还是十分辛苦的部位。经研究,眼睛每天会眨动2万余次,是全身肌肤运动频率最高的部位,尤其是赋予肌肤弹性的弹力纤维和胶原蛋白较易受损,而出现细纹状况。所以对于娇嫩的眼部皮肤,要在眼部衰老之前就应做好护理工作,护理眼睛时不能用日常的面霜,而要选择专门的眼霜。眼霜一般渗透力强,可以起到滋润和补水的作用。然而许多人却认为使用眼霜是25岁之后的事情,或是等眼尾出现了第一条细纹,眼皮浮肿、有明显的黑眼圈或眼袋等问题出现时才开始使用眼霜。但是对于细纹、黑眼圈和眼袋来说,使用眼霜只能防止眼部更快速地老化,相当于"亡羊补牢"。使用眼霜的最佳时机应该在皱纹、眼袋和黑眼圈还没有产生的时候,防患于未然。做到不同年龄、不同肤质,给予不同呵护,才能让明眸长久焕发迷人光彩。不同年龄的人和不同肤质的人在选用眼霜时有很大差别,20~28岁女性可以选择滋润补水眼霜,有较强的保湿功能,起到防止眼部老化的作用;对于出现皱纹的三四十岁女性,可以选择抗老化和去皱眼霜。

（二）精华液

精华液又称修护露、精华乳、精华素等，是护肤品中之极品，具有抗衰老、美白、抗皱、保湿、祛斑等多种功效，适用于因年龄增长而出现的各类肌肤问题。它提取自高营养物质并将其浓缩，通常含有较多的活性成分，分子小、浓度高、渗透力较强，所以功效强大、效果显著。精华液的使用视肌肤的状况而定，并没有严格的年龄限制，人人都可用。比如空中乘务员常年在干燥的机舱内工作，肌肤含水量明显降低，自身流失与干燥空气带走的水分，让肌肤倍感缺水，保湿精华液的使用会使肌肤缺水症状得到有效缓解。如果把我们平时的日常基础保养步骤——洁面、爽肤水、面霜比作我们日常的三餐，它们都是必不可少的基础，而精华液就好比补品，在我们生病或身体虚弱的时候，需要补品给予营养为身体充电。因为基础护肤品只能保护到我们的表皮层，而精华液却能深入到我们的真皮层达到修护目的，从而彻底解决肌肤问题。

四、服务人员皮肤的周期性保养

周期性保养对肌肤而言就像是一次大型修理工作，不必天天进行，但是要有周期，尤其是当皮肤出现问题的时候，最需要的就是安内抚外，一方面尽量补充皮肤所需的养分、水分，强化皮肤的抵抗能力，让皮肤尽快恢复正常；另一方面，加速细胞的修护与更新，让皮肤更加明亮、紧致。周期性保养对改善肤质的效果是一个循序渐进的过程。通过一段时间对皮肤的不断强化、巩固，再强化再巩固而实现。若是没有按照周期持续使用，也不会呈现应有的效果。

（一）去角质

健康、正常的肌肤都应该是光滑、充满弹性和光泽的，但外在环境的恶化和自身生理的影响，常会导致肌肤干燥缺水，或粗糙的角质细胞无法正常脱落，厚厚地堆积在表面，导致皮肤粗糙、暗沉，使用的保养品，往往也被这道过厚的屏障挡住，无法被下面的活细胞吸收，使得皮肤因而显得暗沉没有光泽。还有，成人面疱的产生，与角质粗厚有密切的关系。主要是皮肤角质异常增生变厚，使毛孔出口堵塞，皮脂无法顺利排出，变成了粉刺。所以，避免面疱、毛孔粗大、皮肤干燥，就得及时消除皮肤表面的老死角质层，以预防角质增厚。健康状况下，根据肌肤自身情况，油性肌肤或者湿润的季节一周去一次角质即可，干性肌肤或者干燥季节两周一次，混合肌肤可以着重在T区去除角质。出现脱皮现象时，不能去角质。不要以为出现皮屑是因为角质层堆积，其实不然，肌肤严重缺水才会出现皮屑，说明角质层锁水能力亮起红灯，这个时候去角质无疑火上浇油。给肌肤补水，恢复角质层的正常代谢，才能从根本上消灭脱皮现象。

（二）面膜

传说，举世闻名的埃及艳后晚上常常在脸上涂抹鸡蛋清，蛋清干了便形成紧绷在脸上的一层膜，早上起来用清水洗掉，可令脸上的肌肤柔滑、娇嫩、紧致，保持青春的光彩。据说,这就是现代流行面膜的起源。有"皮肤急救站"著称的面膜,属于加强型或急救型护理产品,而非365天不间断使用的产品。它的最突出之处是可以在最短的时间内为肌肤补充大量所需要的营养精华,即刻凸显效果。但如果天天补充大量的精华,肌肤不但吸收不了,也是一种浪费。面膜如同护肤程序中的"加餐",效果好但使用上有要求,尤其在使用的时间上更加有要求。通常不可过于频繁地使用或过长时间的贴敷,一般来说,每周敷两到三次,每次敷10~20分钟就可以了。除非有些特殊情况可以连续使用,例如,干燥恶劣的环境气候、肌肤严重缺水等情况或几天之后需要皮肤迅速改观,这时可以作为急救面膜连敷几天。还有,敷在脸上的面膜时间不能过长,否则会回吸附着肌肤表面的水分。根据面膜的功效,大概可分成八类。

(1) 保湿面膜。为肌肤补充水分并保持肌肤的湿润。保湿面膜是市面上卖得最普遍,也是大家使用得最多的面膜。

(2) 美白面膜。淡化暗沉、提亮肤色,淡化斑点,让肤色越来越白皙。

(3) 提升紧致面膜。具有提升紧致功效,针对松弛或初现老化的肌肤。

(4) 抗皱面膜。对抗老化,可淡化脸部细纹或幼纹。

(5) 焕肤面膜。通常有一点温柔的去角质功效,有效去除堆积在皮肤表面的老化角质,促进细胞更新,改善暗沉,提亮肤色。

(6) 清洁面膜。多含有具有吸附作用的成分,可深层清洁污垢及老化角质,使肌肤洁净。

(7) 紧致毛孔面膜。毛孔粗大的主要原因是毛孔阻塞以及油脂分泌过剩,这类面膜通常具有吸除毛孔油脂并安抚肌肤的作用。

(8) 局部面膜。一般来说,去黑头面膜、眼膜、唇膜等被称为局部面膜,针对局部的问题而设计,是有针对性的护理。

因此,在使用前面膜一定要先了解自己的肌肤状况,同时按照个人的保养目的来正确选择。

第二节 化妆用品与化妆工具的分类与特点

一、脸部化妆用品

(一) 隔离霜

隔离霜是保养的最后一个步骤,不仅可以隔离脏空气与彩妆品对皮肤的伤害,也可以达到平滑肌肤的效果。隔离霜就是化妆的基底,它能在肌肤表层形成自然保护膜,作为一个屏障,就它的功能来说,分为两种,一是具有防晒效果的隔离霜,不仅可以隔离彩妆与脏空气,还可以减少紫外线的伤害。服务人员可以根据自己工作状态来选择不同系数的防晒指数,如果经常在室内工作,就选择SPF值15~30,如果经常在外面奔波对抗紫外线,就选择SPF值30以上的隔离霜。二是单纯作为妆前基底的隔离霜,可以让彩妆维持更高的持久度。

(二)饰底乳

薄透绝美的底妆,就像"第二层肌肤",而不是戴一张面具,应在基本保养后、上粉底之前,先以肤色修正液或饰底乳修饰打底,不仅能有效减低后续粉妆的用量,更能帮助你营造若有似无的底妆。饰底乳就是利用颜色或光线折射修饰的原理修饰皮肤的缺点,让你即使只搭配薄薄一层粉底,也能快速创造出完美肤色与肤质,令妆容散发自然光泽。目前,饰底乳的颜色、质地琳琅满目、种类繁多,但最常使用的颜色不外乎黄色、绿色、紫色以及珠光色,现在我们就针对不同颜色的饰底乳的作用与使用技巧,进行简单介绍。

(1)黄色饰底乳。最适合服务人员选用的安全色。可以有效地中和天生皮肤的暗沉感,使皮肤看起来自然柔和、光亮润泽。

(2)绿色饰底乳。用来矫正泛红的肌肤区域,如皮肤敏感引起的泛红、青春痘等皮肤状况。绿色饰底乳可以降低并且修正肤色的红感,令皮肤白皙透亮。但是应用绿色饰底乳时,最好用于局部的问题区域,用量也要小心斟酌,如果使用过量,会造成肤色惨白不自然。

(3)紫色饰底乳。适合面色蜡黄、肤色暗沉或者局部暗沉者使用。在使用时,最好也是用于局部性问题。

(4)珠光饰底乳。由于饰底乳中含有微量珠光,珠光具有镜面反射的效果,能巧妙遮掩掉毛孔与细纹。如果想要遮盖脸部的雀斑或斑点,可以先薄薄地抹上一层珠光饰底乳于斑点上,再局部遮瑕,此时珠光从底层透出微微光泽,可以减轻厚重的粉感,效果比单用遮瑕品自然。同时,珠光饰底乳还能提亮五官让轮廓更立体。

要特别提醒大家,无论什么颜色的饰底乳最好针对局部性的困扰使用,否则妆感过于厚重,看起来惨白不自然,比如直接修正泛红的两颊,或者用于T字部位,为脸庞增加立体感等。

(三)粉底

不完美肤质主要是由于肤色不均、光泽感差及瑕疵三大原因造成的,而这些问题现在都能用粉底来解决。粉底的类型很多,如粉底霜、粉底液、粉条和遮瑕膏等,无论是哪种类型的粉底,都是用于调整肤色,改善面部质感,遮盖瑕疵,体现肌肤质感。在过去,粉底的功能只局限于美化、遮盖等范畴;而现在的粉底已逐渐发展成保养品的延续,美白、保湿、抗老、去皱这些原本只可能出现在护肤品中的各种成分在粉底产品中开始出现,如维他命E、霍霍巴油、玻尿酸、天然植物萃取精华等。如何为自己选择合适的粉底呢?粉底的选择分为两大类:颜色的选择和类型的选择。

第一,颜色的选择。粉底的颜色决定着整体的化妆效果,选择的基本原则要与肤色接近,才能美化肤色。在试用时,可以把与自己肤色相配的粉底液轻轻抹在下颌处,然后选择最适合脸部和颈部的自然肤色。

第二,类型的选择。现在市面上的粉底形态,可以分为液状、霜状、膏状、粉状四大质地。

(1) 液体粉底。含水量比较高的粉底,质地非常轻薄透亮,颜色也很自然,能很好体现皮肤本身的质感,但对瑕疵的遮盖效果不够好。适合所有类型的肤质。

(2) 霜状粉底。由液状粉底发展而来,质地比液态厚重一些,呈霜状,其滋润成分特别适合干性皮肤,更能掩饰细小的干纹和斑点,但是油脂含量过多的粉底霜长时间使用容易阻塞毛孔,所以油性皮肤的人们要慎重选择。

(3) 膏状粉底。在粉底的种类中最持久、遮瑕力最好的底妆产品。传统的膏状粉底妆感较为厚重,延展性不佳。随着科技的进步与创新,使得它依旧维持较强的遮盖力,却饱含充足的水分,有较好的延展性,可以呈现较为薄透的妆感。

(4) 粉状粉底。在质地上分为散粉式与压缩式粉饼,以蜜粉与粉饼为代表,主要是用来定妆、控油或补妆,使脸部肌肤呈现粉嫩无暇的妆效。但是经常使用会使皮肤变得干燥,更适合油性皮肤。

(四) 遮瑕

遮瑕产品通常有三种类型:膏状、霜状和液状。膏状和霜状遮瑕产品遮盖力较好,液状遮瑕产品的遮盖能力虽然较弱,但是因为质地清爽,反而容易创造出自然的妆容。大家可以根据自己的需要选择不同类型的遮瑕产品,青春痘、痘疤等瑕疵建议使用膏状遮瑕品来掩饰,至于修饰粗大的毛孔,则推荐使用液状遮瑕品。

(1) 膏状遮瑕品。质地丰润,遮瑕效果好,特别适用于黑眼圈、斑点、痘疤的遮盖。只是在使用上,容易造成厚重干涩感。所以一定要蘸取少量,才不会涂抹得过厚,同时达到遮瑕的效果。

(2) 霜状遮瑕品。与膏状遮瑕品相比较,霜状遮瑕品遮瑕度适中,但是从质地上更轻薄,易推匀,也拥有较高的保湿度。

(3) 液状遮瑕品。液状遮瑕品能提供高亮度、自然不留痕迹的遮瑕效果,但是遮盖力较弱,所以适合浅度遮瑕,或者局部暗沉的修饰,也可以作为局部打亮的处理,比如T字部位、颧骨和下颌等,替代高光粉。

(五) 腮红与修容

腮红与修容都是为了让脸部更立体,更健康,更有生气。两者的区别在于腮红主要是利用色彩增加脸部气色,使脸部变得红润。修容则是利用明暗对比,修饰脸型,塑造出紧实立体的容颜。

(1) 腮红。最普遍的腮红形式就是粉状腮红,显色度比较明显,使用时为了避免"下手过重",可以先在手背上事先涂抹,减少刷头上的粉。

(2) 修容粉。一般来说,修容粉分为深浅两色,深色以不带红色调的咖啡色调为基准来做脸部阴影,使用范围主要是脸部外侧;浅色以乳白色调为基准做局部提亮,使用范围主要根据脸部内侧,借由暗面与亮面的对比,让脸型更加立体且凹凸有致。

二、眼部的化妆用品

(一) 眼影

眼影的作用就是要赋予眼部立体感,并透过色彩的张力,让眼睛灵动深邃。最普遍的眼影形式就是饼状粉质眼影,色彩以纯色为主,可以单纯呈现柔和与自然的色彩质感。使用的方法可以借助指腹、眼影棒以及眼影刷达到不同效果。

(二) 眼线

目前,眼线虽然已经推出各种材质、各种颜色,但是最能增加眼睛深邃度的,还是黑色。大家可以根据自己的化妆技术的娴熟程度以及妆容的需求挑选不同材质的眼线。

(1) 眼线笔。铅笔状眼线,是最常见的眼线用品。它的特点是笔芯软硬合适,容易描画控制,适合初学者。在色彩方面,比较柔和自然,比眼线液要自然。它的缺点是容易晕染,不持久。

(2) 眼线液。色彩饱和度比较高,可以画出清晰强烈的线条,不容易晕染而且持久,但是描画难度很高,适合有一定化妆基础的人群。

(3) 眼线膏。眼线膏的质地在固态和液态之间,很容易凝结变干,它的效果和眼线液比较相似,都是利落的线条,使用时要搭配专业的眼线刷。

(三) 睫毛膏

睫毛膏是美化眼睛的重要工具,目的在于使睫毛浓密、纤长、卷翘,以及加深睫毛的颜色。还有各式各样的刷头设计,大家主要根据自身睫毛的状况以及场合的需求来挑选不同刷头。

(1) 弯曲的刷头。可以依照弧度涂抹在睫毛上制造卷曲的效果。

(2) 短毛的刷头。专门针对眼头以及眼尾或者下睫毛。

(3) 梳子状刷头。制造纤长以及根根分明的睫毛效果。

(4) 尖锥形毛刷头。适合制造浓密的睫毛效果。

三、眉毛的化妆用品

(一) 眉笔

现代眉笔有两种形式,一种是削笔式的传统眉笔,另一种是旋转式的自动眉笔。眉笔使用方便快捷,适宜于勾勒眉形、勾勒眉尾。它唯一的缺点就是,描画的线条比较生硬,一般来说,选择软硬适中的眉笔来描绘一根一根的眉毛,补足眉间的空缺,这样会觉得眉毛是自然生长出来的。

(二) 眉粉

眉粉可以依照妆感的需求,做深浅浓淡的搭配,创造出最柔和自然的眉型,不足之处在于持久度不足,容易出现脱妆、晕妆等情形,可与眉笔搭配使用,先使用眉粉打底,再使用眉笔勾勒,创造完美眉型与眉色。

四、唇部的化妆用品

(一) 润唇膏

要想嘴唇的化妆娇艳亮泽,健康无干裂脱皮的唇是美丽唇妆的基础。干燥脱皮的嘴唇,无论上任何颜色的口红或唇彩都不会漂亮,因此,平时要做好唇部的保养工作,提高唇部的保湿度,是制造美唇的第一法则。也可以在上妆前,先用护唇膏打底,或者使用对唇部有修护效果的平纹笔,瞬间滋养与修护纹路,让嘴唇呈现滋润饱满的状态。

(二) 口红

口红又称唇膏,是大家最熟知的口红形态,多以螺旋状转出的方式居多,是使唇部红润有光泽,达到滋润、保护嘴唇,增加面部美感及修正嘴唇轮廓的唇部彩妆品。在整体妆容上,唇妆与眼妆的颜色与风格走向,占据了决定性的位置。使用口红的时候,必须考虑眼影颜色的深浅和冷暖倾向,如果眼影的颜色偏深,可选择较为浅淡的口红,以此凸显眼妆;反之,如果眼影的颜色偏浅,可选择较为鲜艳的口红,以此凸显唇妆,一般来说,脸部只突出一个重点(图2-1)。

图2-1 唇妆从左到右

除此之外,口红的冷暖倾向也要与眼影和谐一致,如果眼影的颜色偏暖(发黄的色调),要选择暖调的口红、比如橙红、棕红等颜色(图2-2);如果眼影的颜色偏冷(发蓝或发紫的色调),要选择冷调的口红,比如粉红、紫红等颜色(图2-3)。

图 2-2　唇妆与眼妆的颜色整体偏暖

图 2-3　唇妆与眼妆的颜色整体偏冷

五、脸部的化妆工具

（一）化妆海绵

化妆用的海绵主要可分为洁肤海绵和底妆用的粉扑海绵两大类。表面孔隙略为疏松的洁肤海绵，最大的功用是清洁皮肤，以及温柔去除皮肤角质。而底妆用的粉扑海绵是作为面部底妆的重要辅助工具。市面上标示"两用"的海绵则是既可以用于洁肤，也可以用作底妆粉扑。在挑选底妆海绵时，首先要考虑到海绵的柔软度与细密程度，以保证与脸部肌肤接触时不会伤害到细嫩的肤质。其次，应针对脸型的大小、妆感的细致程度，去挑选合适的海绵形状，常见的有圆形、三角形、菱形等。圆形海绵一般适合脸部大范围的打底上色，而三角形海绵或菱形海绵可以针对脸部细微部位比如眼周、鼻翼、嘴角等细致处的涂抹，以加强底妆的完整性，或者是作为局部提亮的最佳选择。为了使海绵提升延展度与舒适度，通常先把海绵蘸湿后，再擦上粉底涂抹脸部，可以呈现极为服贴细致的薄透妆效。最后值得注意的是，化妆海绵在每次使用后一定要清洗，粉底以及油脂累积在海绵里易造成细菌的滋生。

（二）粉底刷

粉底刷主要在刷粉底时使用,许多专业彩妆大师都是使用粉底刷打粉底,它的优点在于快速、均匀,缺点是容易使底妆出现刷纹的尴尬痕迹。因此,在使用粉底刷时,要先将粉底挤在手背上,再将粉底刷蘸取粉底,从两颊等大范围处由内向外快速刷匀,这样就不容易出现刷痕。或者与化妆海绵结合使用,先以粉底刷将粉底快速推匀,再用海绵修饰细微之处,就能创造出完美无瑕的妆感。

（三）遮瑕刷

遮瑕刷一般呈现扁平或笔状,或者选择小号的粉底刷,结合遮瑕膏用于小范围如眼周、鼻翼以及局部斑点的遮瑕。

（四）蜜粉扑

蜜粉扑一般分为布面型和绒面型两种,主要功能都是用于蘸取蜜粉定妆,但是定妆效果却不相同。绒面型粉扑轻擦在脸上的触感非常轻柔,还能控制蜜粉的占取量,达到自然的定妆效果。而布面型粉扑用量较为扎实,所以可以达到紧密的定妆感。除此之外,蜜粉扑还有一个作用,就是在上眼妆时,隔离手部和脸部的接触,防止破坏底妆。

（五）蜜粉刷

蜜粉刷蘸上适量蜜粉,呈螺旋状地轻扫全脸,比用粉扑更柔和,更有光泽,不仅可以用来定妆,也可用来刷去多余的蜜粉。

（六）腮红刷（修容刷）

腮红刷是指比蜜粉刷稍小的扁平刷子,刷毛顶部呈半圆形排列,同时也可以作为修容刷。一把好的腮红刷能使胭脂扫得又轻松又自然。将刷子蘸取腮红粉,轻甩掉多余粉再清扫腮红,颜色不够可慢慢添补。

六、眼部的化妆工具

（一）眼影刷

眼影刷可晕染出眼部色彩的层次感,展现出柔和的颜色与光泽,依功能可细分出多种不同款型,若是不知如何选择,建议可选择大、小眼影刷各一支,大的眼影刷用于大范围上色,如眼皮打底,或是用来柔和各色眼影,小的眼影刷用来加强细节的勾画和眼睛的轮廓。

（二）眼影棒

许多眼影套装里都会赠送眼影棒,是相当普遍的眼妆工具,眼影棒与眼影刷的不同之处在于,眼影棒的色彩附着力较强,画出来的色彩饱和度会比较高,非常适合用来局部加强与点缀,因此眼影棒越小、越尖、越细就更能做到细节的修饰与雕琢。

（三）眼线刷

眼线刷通常是使用眼线膏时的辅助工具,蘸取适量眼线膏,勾画出流畅、柔和的眼线。因为眼线刷使用的大多是膏状的眼线产品,所以相对眼影刷这些使用粉质产品的刷子会更难清洁。而且如果不及时清洁,眼线膏会凝结成块,影响到刷毛的走向和毛质,建议每次使用完之后都要清洁一下。

（四）睫毛夹

睫毛夹是创造睫毛卷翘度的重要工具。目前市面上有塑胶材质和不锈钢材质两种睫毛夹,塑胶材质的睫毛夹轻巧、携带方便,但力度稍微不足,适合外出和睫毛本身比较柔软的人群使用;而不锈钢材质的睫毛夹力度较大,轻轻一夹就可以使睫毛瞬间卷翘,适合睫毛较为粗硬的人群。无论选择什么材质的睫毛夹,都需要依照自己眼睛的长度、弧度来选择,才能轻松创造漂亮的卷翘度。除了测试眼睛的长度与弧度的吻合,还要注意到睫毛夹上的橡皮垫,它的光滑度、弹性以及与夹口间的密合度。橡皮垫的好坏是决定整个睫毛夹能否夹出漂亮弧度的重要因素。另外,如果睫毛夹是金属材质,可以利用打火机加热睫毛夹,冷却片刻再夹睫毛,达到烫睫毛的效果,使卷翘度与持久度加倍。

（五）睫毛梳

睫毛梳是在刷完睫毛膏之后,晾干之前使用,可以轻松地去除多余的睫毛膏,远离结块烦恼,让睫毛根根分明。

七、眉毛的化妆工具

（一）螺旋刷

这个刷子功能非常多,可用来刷去睫毛上多余的睫毛膏,使睫毛根根分明,也可以用在修理眉毛的过程中,利用它将所有毛流梳顺,确定眉型的轮廓线,还可以刷掉眉毛上多余的眉粉。

（二）刮眉刀

在确定好适合的眉型后,用修眉刀将轮廓线之外周围的细毛剃掉。杂毛剃除后,用收敛性化妆水拍打双眉周围的皮肤,以收缩皮肤毛孔。

（三）修眉剪

修眉剪作为多功能的剪刀非常实用,可以用来修剪眉毛的长度,也可以作为美目贴的专用剪刀,还可以用来修剪假睫毛。

（四）眉刷

眉刷多为尼龙做的斜形硬刷,用其蘸取适量眉粉,在手背上调整浓淡后,将眉粉均匀扫在眉毛上,从眉峰刷至眉尾,再刷至眉头,眉头的颜色应浅于眉峰及眉尾,这样的眉色才更优美柔和。

八、唇部的化妆工具

唇刷是涂唇膏的工具,可以灵活调整唇局部浓淡,描画出精致的唇角边缘线。无论使用唇膏还是唇蜜,要色泽均匀地附着于唇上,一定要使用唇刷上色,精确勾勒唇型,使双唇色彩饱满均匀,更为持久。唇刷选择应以毛质软硬度适中、毛量适中为好。

第三节 面部化妆的基本步骤

化妆是每个步骤细致的累积。服务人员必须在每个化妆细节中一点一点地探索与积累,那么呈现出的妆效才会细腻自然。

一、妆前保养

妆前保养与日常保养的最大不同在于它着重调整皮肤水油平衡的状态,多使用提升皮肤保水度为主的保养品,而强调美白、抗老、修护等高机能产品则留在夜间美容呵护皮肤。妆前保养主要是三大步骤:清洁——保湿——防晒隔离,其中保湿的环节是让彩妆服帖、裸透的有力保证。也就是说妆不服贴,通常是皮肤缺水,油脂分泌异常,除此之外,当肌肤呈现缺水状态,代谢机制就会变得缓慢,角质层的堆积会越来越厚,也会直接影响化妆的光滑度与服帖度。因此,想要避免妆不服贴的困扰,平常可依肤质情况,定期做好去角质的工作。而防晒隔离是保养的最后一个步骤,不仅可以防御紫外线、脏空气,也可以隔离彩妆与肌肤的接触。

二、化妆的基本步骤

（一）调整肤色

在基本保养后、上粉底之前,先以肤色修正液或饰底乳修饰打底,不仅可以增加肌肤的明亮度,减少底妆的厚重感,还具有矫正肤色和改变肌肤质感的作用。

（二）粉底

采用少量多次的方式上粉底,同时结合轻拍的手势,用手指或者利用海绵按照"由上往下"、"由里而外"的顺序上妆,全脸使用后,亦需要以蜜粉定妆。

（三）遮瑕

依照面部瑕疵的属性以及部位,使用适当的遮瑕产品及方法,还原肌肤最平滑无暇的风貌。

（四）定妆

散粉或蜜粉具有增加粉底附着力的作用,并且会使妆容持久,防止皮肤因为油脂和汗液分泌而引起掉妆现象。蜜粉定妆的方式可以分为三个步骤:①将粉扑上的蜜粉轻轻地拍打在脸上,并结合"少量多次"的原则;②运用指腹的力道,将粉扑由下往上轻柔按压于脸部,让蜜粉变得扎实;③用粉刷刷掉脸上多余的蜜粉。定妆后,若觉得底妆不够轻透自然，可使用保湿喷雾均匀地喷在脸上，之后将柔软干净的面巾纸按压到面部，带走多余的水分与浮粉，这样，就会有一个干净透明的底妆。

（五）修容与腮红

修容与腮红是底妆的最后一个步骤，都是为了让脸部更加立体、明亮，有生气，增加立体感和健康感。修容是利用色彩的明暗对比效果，创造脸部的立体层次。而腮红不仅有修饰脸型的作用，还可以创造面部的红润气色。

（六）眼妆

利用眼线、眼影、睫毛膏（粘贴假睫毛）等方法加强眼睛的层次立体感及深邃度，最大限度地增添眼部特有的神采。

（七）眉毛

画眉毛的作用，主要是衬托眼妆，同时修饰或改善脸型。画眉之前，要先修整眉毛，修除多余的杂毛，剪掉长短参差不齐的毛流，让眉毛看起来干净清爽。配合自己的脸型，找到适合的眉型。

（八）唇妆

健康无干裂脱皮的嘴唇，是美丽唇妆的基础。因此，在使用唇妆产品之前，可厚敷一层有保护作用的护唇膏，让其在嘴唇上停留一段时间后清除，或者先上一层具有保湿效果的护唇膏，再描画口红，嘴唇就会看起来完美滋润。

第四节　面部化妆技巧

化妆是对轮廓比例的调整完善甚至变革，只是，在服务人员的化妆中，很难脱离人本身走向变革的极端，所以，要画出适合自己的妆容，首先要多花一点时间观察自己，然后，再学习化妆技巧，化妆技法也不像数学公式，每个步骤都必须严格遵守，它只是提供一个大原则、大方向，在实际操作中，都是优先考虑个人的需求，步骤则是可以弹性调整、简化或者强化的。

一、脸部的化妆技巧

"每一张脸，都是一块充满生命力的画布，只有在纯净、细腻的画布上才能绘出美丽的图画。"这是日本彩妆大师植村秀先生著名的"肌肤画布"理论。意思就是说，让自己脸部的底妆轻、薄、透、亮、净是一切彩妆的基础。那么，作为服务人员画一个完美的底妆，应该达到哪些要求呢？

（1）底妆的薄透感，就算皮肤状况不佳或有诸多瑕疵，只要巧妙利用遮暇技巧，一样能让妆容看起来薄透自然。

（2）底妆的颜色与自己的肤色的融合度。

（3）底妆是否让脸部呈现层次分明的立体感。

（4）底妆的均匀程度。有瑕疵的地方是否越遮越明显，不同颜色之间的渐层变化是否过渡自然。

综合以上几点，可以把底妆的透明度、颜色、立体感、均匀程度作为评判完美底妆的四大标准。那么，与四大标准紧密相连的还有底妆所使用的产品以及上妆技巧，也都非常重要，视为成就完美底妆的幕后英雄。完美底妆需要注意的问题有以下几方面。

薄透绝美的底妆，就像"第二层肌肤"，而不是戴一张面具，应在基本保养后、上粉底之前，先以肤色修正液或饰底乳修饰打底，不仅能有效减低后续粉妆的用量，更能帮助你营造若有似无的底妆！饰底乳就是利用颜色或光线折射修饰的原理修饰皮肤的缺点，让你即使只搭配薄薄一层粉底，也能快速创造出完美肤色与肤质，令妆容散发自然光泽。那么，服务人员如何来选择适合自己的饰底乳呢？应当依照自己的皮肤状况，并结合使用诀窍，就能轻松达到修饰效果。

（一）隔离霜

隔离霜是个保护化妆、保护皮肤的重要步骤。如果不使用隔离霜就涂粉底，会让粉底堵住毛孔伤害皮肤，也容易产生粉底脱落的现象。无论你是选择具备防晒效果的隔离霜，还是选择妆前基底的隔离霜，或者选择兼具防晒与修饰肤色的隔离霜，都要谨记少量轻薄，用指腹取适量的隔离霜，在额头、鼻尖、下巴各点一点，两颊处各点两点。然后用海绵以按压方式由内向外、由上往下推开隔离霜，如此才能将分子颗粒散布均匀，造就完美的服帖质感。

（二）粉底的选择

对于服务人员来说，最好选用妆感轻透的粉底液，而且任何肤质都可以使用，一定要遵循"少量多次"的最高原则，才能让底妆达到自然薄透的妆效。粉底液的使用非常简单，用擦乳液的方式，以脸部中央为中心点，直接用手或者粉扑大面积由内向外轻轻推开。

对于粉底的颜色在挑选时可以参考脖子的肤色，许多人会偏重于脸部的保养而忽略脖子的保养，导致脸部比脖子更白净，此时若以脸部肤色为主，就会与脖子的颜色产生巨大色差，使得妆容不够自然和谐，因此，选择粉底最简单的方法就是将不同颜色的粉底直接涂抹于脸颊，并观察与原肤色的融合性以及与脖子的衔接性，切勿只是将粉底涂在手背上来选择颜色（图2-4）。除了挑选合适的颜色，还要注意到个人肤质的状况，一年四季中肤质的状况都在改变，夏季容易出油，秋冬比较干燥，建议在夏季使用持久度较强的粉底。而冬天建议选择比较保湿的粉底来增强皮肤的滋润度。

图 2-4 挑选适合自己的粉底

（三）修容与润色

创造细微而自然的立体轮廓，对服务人员来说十分重要。利用深色的粉底收缩面部需要缩小或凹陷的位置，用浅色或亮色的粉底强化面部高耸或突出的结构，通过颜色的明暗变化使脸形更完美或更立体。值得注意的是，尤其是明暗区域间的交界处要让颜色微妙过渡，自然不留痕迹。在产品的选择上，最常用的就是双色修容饼。一个是暗面修容，主要以不带红感的咖啡色调为主，深色修容范围主要是脸部外侧，利用修容刷以少量多次、适量轻扫的原则，从颧骨凹陷处或鬓角开始，朝嘴角方向斜扫，而且要向下颌骨以及脖子方向做延伸修容，注意脖子与脸的衔接过渡；另一个是亮面修容，主要以米白色调为主，修饰需要凸出、高耸的部位(图 2-5)。修容的范围根据脸型的不同应该有所不同，但是总体原则是：暗色修饰需要缩小、后退的部位，亮色修饰需要凸出的部位。因此，要找出修容的关键位置，首先要分析自己的脸部结构以及想要修补的地方。

图 2-5 暗面修容与亮面修容

在修容之后，如果要让气色更好，可以画上腮红。最为常见的是粉状质地的腮红，它显色度较好、操作简单，但是在勾画力度上要特别注意，也要遵循少量而多次、适量轻扫的原则，如果还无法适当拿捏粉量，不妨先把腮红刷在手背或面纸上，让粉末均匀分布在刷毛上，以斜刷的方式由笑肌往斜后方晕染，即可达到收缩脸型立体的效果，又可以呈现优雅成熟的妆感（图 2-6）。

图 2-6　腮红的画法

（四）完美遮瑕

如果皮肤还有局部瑕疵的状况，单用粉底液还不够，怎么才能不露痕迹地遮盖缺点呢？只要选择适当的遮瑕品以及巧妙利用遮瑕技巧，一样能让妆容看起来薄透自然。那么，服务人员最常用的遮瑕品不外乎遮瑕液和遮瑕膏。遮瑕液具有湿润度高以及自然轻薄的特点，但是遮瑕效果较弱，因此适合浅度瑕疵的修饰。而遮瑕膏的遮瑕效果强，特别适合黑眼圈、斑点、痘疤的遮盖，但延展性与滋润度较低，如果使用过量，会有厚重干涩感。所以在技巧上要特别注意，应该用手指蘸取少量遮瑕膏，并以多次点压的方式，才不会涂抹得过于厚重，同时又能达到遮瑕的效果。或者，将遮瑕膏以适当比例混合粉底液使用也能达到既遮瑕又自然的效果。不仅如此，还应该根据瑕疵的属性以及部位的不同，"对症遮瑕"，还原肌肤的光洁无瑕。

（1）黑眼圈的遮盖。黑眼圈主要是先天遗传或者血液循环差等因素，造成眼部周围色素沉着，多呈现咖啡色，想要完美遮瑕，得先进行肤色矫正。通常先使用橘色的遮瑕品以少量多次的方式在黑眼圈周围点压拍打（图 2-7），以暖色调中和咖啡色，再用接近肤色的遮瑕品以同样的方式进行第二次遮盖，注意遮瑕区域边界与周围皮肤的融合，最后轻轻压上一层蜜粉定妆，这样才能使遮瑕不露痕迹。

（2）痘痘的遮盖。痘痘以及痘疤就是因为泛红或局部突起而引人注目，但是利用化妆的手段遮盖痘痘，只能均匀肤色，不能使痘痘变得平整光滑。不管是单颗的还是整片的痘痘都应该采取"单点突破"的方式（图2-8），对于大面积的红色痘痘，要在粉底之前以绿色饰底乳修饰，再针对每个痘痘一一遮盖，而且遮瑕膏的颜色一定要比肤色略微深一点儿，这样显得自然，同时注意遮瑕边界与周围皮肤的融合，最后用蜜粉定妆。

图2-7　黑眼圈的遮盖　　　　　　　图2-8　痘痘的遮盖

二、眼睛的化妆技巧

眼睛是脸部的视觉焦点，成功的眼妆能迅速提升妆面的整体效果。眼妆不仅可以重塑、修饰眼型，眼神更是表现的重点。运用眼影、眼线或睫毛膏以及粘贴的假睫毛等便可加强眼神，创造出深邃的明眸风采。眼妆的变化空间很大，有多种的顺序及画法，只要在形式与色彩上稍做改变，就可以创造出不同的眼妆氛围。比如说，是先画眼影再画眼线，还是先画眼线再画眼影？有没有先后顺序？其实它们的步骤顺序不同，可以变化出不同风格的妆感。如果先画眼影再画眼线时，眼线一定清晰明显，眼神就变得利落明亮；反过来，如果先画眼线再画眼影时，眼线会被眼影稍稍覆盖，呈现出的眼妆自然柔和。

（一）眼影的画法

画眼影之前，服务人员应根据自己所处环境而确定应呈现的妆感，因为眼妆的表现空间宽广，创造的风格氛围多样化。服务人员在工作场所应呈现出端庄、柔和的妆感，而拒绝妖媚、前卫、浓艳的妆感。再依照眼型的不同以色彩加强眼睛的层次立体感，在此过程中要注意眼影的均匀度、干净度以及眼影的色彩种类是否繁杂（不超过两种色系）、色系是否适合职业场合。尤其是初次尝试眼影的服务人员，一定要以少量多次的方式取用眼影,慢慢增加色彩的浓度,这样做最大的好处就是能够及时调整,千万不要心急。如果怕弄脏了妆容,可在眼下先叠上一层蜜粉,然后将粉刷把落下来的眼影粉与蜜粉一起轻轻扫掉。下面介绍两种常见的眼影画法。

(1) 平行式渐层画法。平行式渐层画法是最基础、最简单的眼影画法,适合所有类型的眼睛结构。服务人员在职业场合一般以蓝色或者紫色作为眼影主色调,画在睫毛根部,先在眼头往眼尾的方向来回涂刷均匀后,再由根部平行向上做渐层的晕染,只要把晕染的范围,稍稍超过眼褶部分,就可以塑造目光深邃的效果,除了晕染上眼睑,使用同样的色彩清扫整片下眼睑,可以使眼妆上下呼应、熠熠生辉,而且让眼睛放大两到三倍(图2-9)。

(2) 分段式画法。这种眼影画法是根据描画眼影的部位分段着色而得名,一般运用两种不同色系的颜色或同一色系的不同深浅的颜色来展现渐层技巧,让眼型更立体。将紫色眼影晕染在眼尾1/2或1/3处,朝眼睛中段到眼头画出由深到浅的渐层,在下眼睑的眼尾处也要晕染同样的颜色相呼应(图2-10)。

图2-9 眼影平行式渐层画法

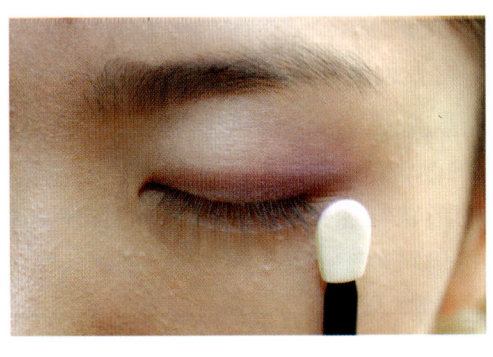

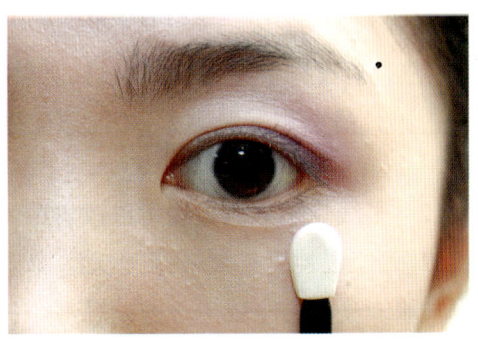

图2-10 眼影分段式画法

(二) 改变眼睛轮廓的方法

(1) 美目贴。使用美目贴除了可以形成双眼皮外,对提升眼尾和改善眼形也有很好的作用(图2-11)。不管是哪种类型的美目贴,要想达到完善或改善眼型的目的,都要针对自己的眼型对美目贴做一番修剪,才会起到应有的作用。如果掌握不好

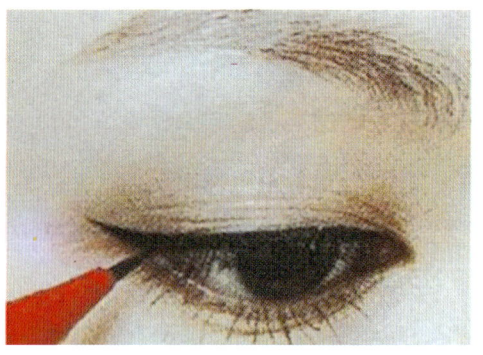

图 2-15　不同眼线风格

（三）睫毛

美丽的眼睛如果缺少纤长浓密的睫毛，会像没有纱幔的窗户，显得过于直白，缺少韵味。又长又浓的睫毛就像一把扇子，能打开你的双眸，将眼睛瞬间点亮。如果想让睫毛于片刻间浓密卷翘，可以借助于睫毛膏、睫毛夹或者假睫毛等手段。

（1）睫毛膏。刷睫毛膏之前，一定要使用睫毛夹将睫毛夹翘，让睫毛呈现放射状的角度为最美。首先，睫毛夹的弧度要与自己眼球弧度贴切吻合，以及检查睫毛夹上的橡皮垫的光滑、弹性程度，因为这些都是决定睫毛卷翘的关键因素。其次，夹睫毛的技巧在于分段夹，眼睛往下看，将睫毛分三段夹，先将睫毛夹放在睫毛根部，轻轻夹2~3秒，移至睫毛中段，再夹2~3秒，最后在尾部重复先前动作，而且边夹边往上提拉，睫毛便会形成自然弧度的卷翘效果（图2-16）。如果是睫毛较短者，只夹两段即可，或者将睫毛根部轻轻夹翘。对于局部夹不到的睫毛，可以选用局部睫毛夹。

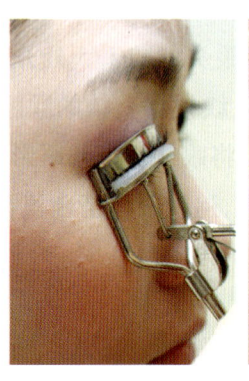

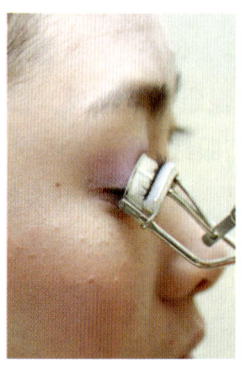

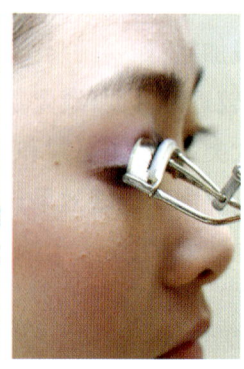

图 2-16　分段夹睫毛（从左到右）

睫毛膏主要有浓密与纤长两种基本类型，还有各式各样的刷头设计。要如何挑选主要根据每个人睫毛的特点，睫毛稀少者可以使用浓密型的睫毛膏；睫毛较短者可以使用纤长型的睫毛膏；睫毛为交叉者可以使用梳子刷头的睫毛膏，将交错、纠结的睫毛梳开，让睫毛有根根分明的效果。在涂睫毛膏的时候，也要将视线向下，先刷睫毛底膏保护睫毛，同时也可让浓密纤长的效果更加明显。正式为睫毛刷上颜色时，可以选择浓密与纤长两种类型的睫毛膏一起使用造就睫毛的完美效果。先使用浓密型睫毛膏,将刷头横拿,从上下睫毛根部开始,采用放射状方式往外刷,来增加睫毛的浓密度,再使用纤长型睫毛膏,将刷头直向刷睫毛尾端,可以让睫毛更纤长(图2-17)。

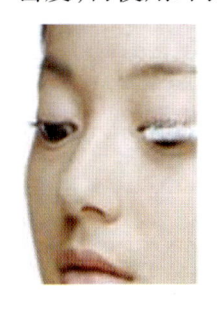

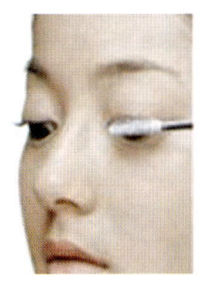

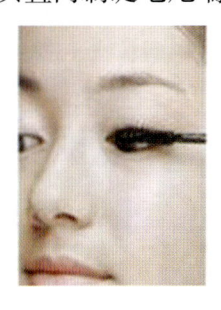

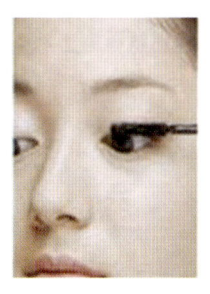

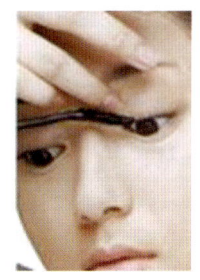

图2-17 涂睫毛膏步骤(从左到右)

(2)假睫毛。当本身的睫毛条件不够理想,或是追求更完美的睫毛妆效时,可以选择粘贴假睫毛。只要选择的假睫毛类型适当以及操作方法正确,也可以达到以假乱真的效果,让人误以为你的睫毛天生就如此浓密。现在市面上的假睫毛有许多种款型,主要是根据自己的眼型和睫毛的分布情况选择适合自己的款型。若是想表现圆眼的妆效,可以选择头尾短、眼中加长型的假睫毛;若是想拉长眼型,就要选择眼头短、眼尾长的假睫毛;想要表现自然无妆感的效果,可以选择单株式的假睫毛,种在睫毛间的空隙,真假混合。不管选择什么款型的假睫毛,都要注意假睫毛根部的材质一定要柔软,这样能更好地符合眼型弧度,避免头尾脱落,或是刺痛不舒服的感觉。粘贴假睫毛时,在假睫毛的根部涂上专业睫毛胶,但不要马上粘贴,等到白色的睫毛胶快变成透明时(这时的黏度最强),再将假睫毛尽量贴近睫毛根部,让真假睫毛没有空隙存在,在睫毛胶未干之前,赶紧调整假睫毛形成一个自然的角度,然后在真假睫毛上一起涂上睫毛膏,让真假睫毛更好地贴合,还可以使用睫毛夹轻夹真假睫毛,让假睫毛仿佛由根部生长一样自然。最后使用眼线液或眼线笔加强或填补眼线(图2-18)。

三、眉毛的化妆技巧

眉毛的主要作用是衬托眼睛。一定不要小看这两条弧线,它们具有修饰脸型与平衡五官的作用。不同的脸型适合不同的眉型,例如,长脸型的人不适合太细太弯的眉毛,会使脸看起来更长;脸型偏大偏圆的人不适合画平直的眉毛,会使脸看起来更大。只要一点点的细微差异,就会影响脸部的整体协调感,同时也给人不同的视觉印象。眉妆可以说是脸部彩妆最重要的配角,画好眉毛,绝对有意想不到的效果。

(一)眉毛的结构

常见的眉毛分为三大部分:眉头、眉峰、眉尾,画眉毛就是利用这三个"点"连起来,组成眉毛。这三个"点"的不同位置,决定了眉毛的不同形状。比如,当眉峰位置高,眉型呈现高挑的形状;眉峰位置低,眉型看起来平缓;眉峰位置向后移,左右颧骨间的距离也变宽。所以,要打造最佳眉型,一定要找出最佳眉型的三个"重点",更好

图2-18 戴假睫毛步骤(从左到右)

地了解这些点的不同位置变化对脸型的影响。

(1) 眉头。占眉毛份量比例最重,在鼻翼与内眼角的垂直延长线上。

(2) 眉峰。决定眉毛个性的部位。眉峰的弧度决定柔美或强势的视觉印象。当双眼直视正前方,黑眼珠外侧到眼尾间的距离都可以是眉峰的位置。同时眉峰的位置还决定脸型的宽窄、长短,眉峰位置高,脸型显长;相反,眉峰的位置低,脸型显短;此外,当眉峰靠近太阳穴方向,脸型看起来显宽;眉峰靠近鼻翼方向,脸型则显窄。

(3) 眉尾。眉尾是决定上半部脸型及两侧宽窄的重要因素。它在从鼻翼外侧到眼尾的延长线上。眉尾拉得越长,脸颊两侧显得越窄;反之,眉尾短的人,脸颊两侧显得越宽。而且,眉尾不能低于眉头,这样看起来显得没精神。

(二) 修整眉型

首先,应该根据脸型的需要,确定眉头、眉峰、眉尾的位置以及审视两边的眉毛是否对称、等高,对于初次尝试的人来说,建议将理想的眉型轮廓画好,接着把轮廓之外的杂毛清除,边修边梳顺毛流,同时将过于长的眉毛进行局部修剪(图2-19)。

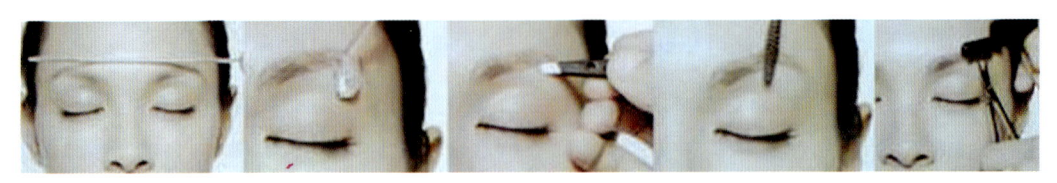

图2-19 修整眉型(从左到右)

（三）画眉

画眉也跟画眼影一样讲究层次感,更要掌握晕染技巧,使用眉笔或眉粉或两者结合使用,把握眉头的地方淡、眉尾偏深的渐层原则。眉头画的很深,会让人觉得严肃,像剪贴眉毛,极其不自然。所以,首先下笔的地方应该是眉峰处,然后逐渐延伸到眉尾,最后,淡淡地描绘眉头。眉头如果画的好,还可以制造鼻影的效果。画完整个眉毛之后,接着用螺旋刷刷去眉毛上过多的眉粉或眉笔,可以使眉毛呈现更自然的效果。除了把握眉毛的晕染技巧,在眉色的选择上也很重要,最好与头发的颜色一致或比发色更浅淡,颜色不要太强烈,否则会破坏服务人员的亲和力与自然感(图2-20)。

图 2-20 画眉

第五节 服务人员应具备的色彩搭配技巧

了解色彩的常识及色彩搭配的技巧,对服务人员的形象设计来说意义重大。一个理想的服务人员的服饰形象设计中,包含了形与色两个要素,服务人员要正确了解和掌握色彩常识、色彩搭配技巧,才能使个人形象更加完美。

一、色彩的分类

色彩,是不同波长的光刺激人的眼睛后产生的视感觉。

（一）从色性上分类

从色性上分类,色彩分为无色彩系、有色彩系、独立色系。

1. 无色彩系(图2-21)

无色彩系有明有暗,通常指白色、黑色及深浅不同的灰色。

图 2-21 无色彩系

2. 有色彩系(图2-22)

有色彩系指色环谱上的红、橙、黄、绿、青、蓝、紫及不同明度、纯度变化的颜色。

图2-22 有色彩系

有色彩系中,又分为纯色、其他的一般色彩两大类。

1)纯色

纯色指原色及一般性的纯色。

2)其他的一般色彩

其他的一般色彩包括清色、暗色与浊色。

(1)纯色中加入白色成为清色。

(2)纯色中加入黑色成为黑色。

(3)纯色中加入灰色成为浊色。

3)独立色系

独立色系为金色、银色以及各种珠光色。

(二)从色温上分类

从色温上分类,色彩分为冷色、暖色。色彩本没有冷暖之分,冷暖是由人在现实生活中对不同事物颜色的感受而产生的一种感官联想,从而给人们的心理造成的冷或暖的感觉。例如,红色使人联想到火焰,所以,当人们看到红色时,会有温暖,甚至炎热的感觉。而当看到蓝色时,会联想到海水,有凉爽之感。

当然,色彩的冷暖也是相对而言的,任何一个颜色的冷暖感觉是由周围色彩的对比决定的,如绿色与黄色、红色相比时绿色偏冷,而与蓝色相比又偏暖。在同类色相中,如黄色,柠檬黄要比中黄冷,橙黄则比中黄暖。所以说色彩的冷暖是相对的,一个颜色会随周围色彩环境的变化而转变自身的冷暖性质。此外,一个颜色加入白色后会变冷,加入黑色后会偏暖。

1. 冷色(图2-23)

常见的冷色有蓝色、紫色、绿色等。

图2-23 冷色

2. 暖色(图2-24)

常见的暖色有红色、橙红、黄色等。

图2-24 暖色

二、色彩的基本属性

色彩具有色相、明度、纯度三个基本属性。

1. 色相

色相,指色彩的"相貌"及"特征",也指彩调,是区别色与色之间的差别的一种方法,红、橙、黄、绿、青、蓝、紫是人们所识别的七个基本的色相,而色与色之间还能区分出上百种甚至更多种的颜色,色相与色彩的强弱、明暗没有关系,只是表示色彩相貌间的差异。

2. 明度

明度指色彩的明暗程度,是由光波振幅的宽窄决定的。明度决定了颜色的深浅、明暗的不同程度,在有色彩系中,黄色的明度最高,紫色的明度最低,要提高一个颜色的明度,可适量加入白色;要降低一个颜色的明度,可适量加入黑色,故人们通常把浅色、亮色称为高明度色,把深色、暗色称为低明度色。在无彩色系中,白色的明度最高,黑色的明度最低。

3. 纯度

纯度是指色彩的纯净的程度,也指色彩的彩度或饱和度、鲜艳度等。纯度越高,颜色的色相倾向越明确。

三原色纯度最高,其次是间色,再者是复色、再复色。当一个纯色加入黑、白、灰时,其纯度就会降低,纯度降低到一定程度,颜色就会失去其明确的色相,当颜色纯度降为零时,就成为无彩色灰色,也叫浊色。

三、色彩的变化

色彩的变化是丰富多彩的,同时也有一定的规律,运用规律进行组合,就会变幻出无穷的颜色。但无论色彩怎样变化,有三种颜色无法用其他颜色调配出来。这三种颜色即是所谓的原色。

1. 三原色(图2-25)

原色,又称为基色,也叫第一次色,原色是世界上最单纯的颜色,无法通过其他的颜色混合而成。原色是用以调配其他色彩的基本色,原色的纯度最高,在各种色彩中最鲜艳,可以调配出绝大多数的色彩。

常说的三原色为红色、黄色、蓝色三种颜色。

图 2 - 25　三原色

2. 三间色(图 2 - 26)

间色,是指由两种原色调配出来的颜色,因此,也被称为第二次色。三间色是指橙色、绿色、紫色三种颜色,其中,红色与黄色调配出来的颜色为橙色,黄色与蓝色调配出绿色,蓝色与红色则调配成紫色。在调色时使用的原色量的不同,可以产生丰富的间色的变化。

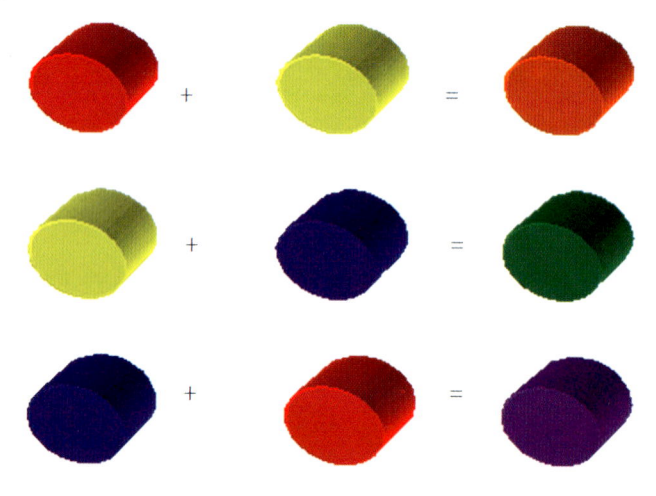

图 2 - 26　三间色

3. 复色

复色,是用一种原色与间色调配出来的颜色,故也叫第三次色、从色或复合色。复色千变万化,赋有极强的表现力。这些色彩在服饰形象设计中被广泛运用。

思考与讨论

1. 圆脸型人与长脸型人在脸部修饰上有哪些区别?
2. 如果是长眼型的人想把眼睛画的圆一点应该采取什么方法?
3. 根据本单元学习的内容,分别设计三套符合服务行业的女性、男性制服的色彩搭配。

学习单元三　服务人员的头发形象

学习提示

头发是一种生命的象征,一种生活品质的标识。头发与皮肤一样需要持续不断地进行精心保养。头发保养的目的在于维护头发的健康,同时可以克服头皮屑或掉发等问题。对于头发的保养与规范也往往显露出一个人的生活品质与工作态度。

教学目标

1. 掌握服务人员的各种发质的保养方法。
2. 了解服务行业对服务人员的头发形象的具体要求。

第一节　服务人员的头发保养

一个人的头发形象能直接影响其整体形象的效果,良好的头发形象不仅能提升自己的自信心,还能使他人对自己的评价加分,在服务行业,头发的形象更是占着举足轻重的地位。本节中,先从头发的保养入手,从而全面掌握服务人员的头发形象。

一、头发的类型特征与形成原因

头发是由含硫的角质蛋白细胞组成的,中间由胱胺酸等双硫链连接着,使头发具有弹性及伸缩性。

头发从其横截面来看可分为三层:表皮层、皮质层、膧髓质层。表皮层由许多细小的鳞片重叠而成,是一种保护层,如果发丝上的保护层保护得当,头发将显得乌黑亮丽、柔顺动人,如保护不当,例如,过度梳刷头发、经常梳发、烫发、染发等,都会损害头发的表皮层,使头发失去亮泽。

头发还应保持适当的酸度,这是头发有光泽和健康的重要因素。碱性物质会使头发膨胀,而过多的酸性物质也会破坏头发。一般头发的酸碱度为 pH = 4.5 ~ 5.5 时,头发最富有弹性和光泽,酸碱值的高低视成分中氢离子多寡而定,氢离子高呈酸性,氢氧离子高呈碱性,通常附值是介于 0 ~ 14 间,7 为中性,高于 7 为碱性。头发的生长期一般为 2 ~ 6 年,头发的种类因人种不同而区别,可分为油性、中性、干性发质等。

(一)油性发质

1. 发质特征

油性发质的头皮皮脂腺分泌旺盛,发丝油腻,发根油脂多,易出现油垢,头皮如厚鳞片般积聚在发根,容易头痒、脱发。

2. 发质形成原因

形成油性发质有以下几种原因。

(1)遗传因素。

(2)清洗方法不当。

(3)使用不适合的洗护产品。

(4)饮食不当。

(5)不正确地使用美发产品。

(6)工作压力大,生活不规律。

(二)中性发质

中性发质是一种健康的发质。其特点为:头发有自然光泽,柔顺,发丝粗细适中,不软不硬,柔韧性强,不油不干燥,油脂分泌正常。中性发质易于梳理,梳理后不易变形。

(三)干性发质

1. 发质特征

干性发质的特点是油脂分泌少,发质粗糙,头发僵硬,发丝干枯、暗淡无光泽、柔韧性差,弹性较低,易于断裂、分叉、缠绕,较难梳理,容易有头皮屑,头发根部的发量稠密,发梢稀薄。

2. 发质形成原因

(1)生理或病理的原因。

(2)过多的风吹、日晒。

(3)护发不当、皮肤碱化所致。

(4)不适宜的烫发、染发、洗发等。

(5)皮脂分泌不足或头发角蛋白缺乏水分。

二、各类发质的护理方法

(一)头发保养与洗护产品的选择

1. 油性发质的洗护

油性头发的护理方法如下。

(1)常清洗。一些人错误地认为,经常洗头会使头发容易脱落或造成偏头疼,其实不然。对于油性发质来说,如头皮清洁不够彻底,令毛囊堵塞,便会大大增加脱发的概率。所以应该经常对头发进行清洗,清洗时,不可用过热或过凉的水,这样会更加刺激油脂的分泌,应尽量使用温水清洗。

(2)正确使用洗发产品。油性发质在清洗头发时,应选择性质温和的洗发产品,过于强力去油的洗发产品,会令油脂分泌更加猖獗。

(3)适量选择护发产品。护发产品不可涂抹在头皮上,只涂在发梢较干的部位即可,并且要注意用量,避免使用较多的护发产品导致头发更油。

2. 中性发质的洗护

中性发质是一种理想、健康的发质,在护理时应注意以下方面。

中性发质的头发,应注意头皮的清洁与保养,一般情况下,中性发质的头发可2~3天清洗一次,炎热易出汗的天气可适当缩短间隔的时间,使用营养均衡pH值在7左右的滋润型洗发露与护发素,以均衡滋润头发,保持头发营养充足。

3. 干性发质的洗护

(1)干性发质的人在清洁头发时,应注意给头发补充营养及水分,不用碱性过强的洗发产品,这样会导致头发更干,可选择滋润型的洗发产品。

(2)洗发后尽量不用电热风吹头发,特别需要时,用低温且短时间的吹头发。

(3)洗后使用合适的护发剂,发质特别干燥时,可用焗油膏、护发油等对头发做特殊的针对性的护理。

(4)夏季注意防晒,不要将头发长时间暴晒,防止紫外线对头发的伤害。

(二)正确的洗发方法

洗发的目的是为了清洁头发及头皮,清洗掉头发上的灰尘、头皮分泌的汗水和各种油脂,保证头发的健康。正确的洗发方法由以下几个步骤完成。

(1)洗发前先梳理或按摩头皮。洗发前应先梳理通顺头发,梳理头发时,选用粗梳齿的按摩梳或牛角制造的刮痧用具等从脖子梳向前额,这样既能增强头发润泽,预防脱发,并能向头皮供给充分的营养和氧气,防止老化。

(2)用温水冲洗。用微温的水冲洗头发,将表面的灰尘等冲洗掉。

(3)选择适合的洗发产品洗发。取适量的适合自己发质的洗发产品均匀地涂抹在头皮上,再加入少许的温水,揉出大量的泡沫。

(4)将头发冲洗干净。用洗发产品洗发后,用温水冲洗干净,以免头皮上残留洗发水。

(5)再次洗发与冲洗。一般情况下,为了保证洗发产品对头发清洗得彻底,可进行第二次清洗与冲洗。

(6)涂护发素。根据发质的不同使用的护发产品也各不相同,一般不建议健康发质使用护发素,但是根据发质需求适当使用护发素也是洗头的正确方法。对于干性发质来说,洗发之后应涂抹护发素等护发产品,应避免接触头皮,避免护发产品中含有的硅脂粒子堵塞头皮,引起头屑或其他皮肤疾病等。

(7)将护发素冲洗干净。除了免洗的护发产品以外,一般的护发产品应在涂抹后冲洗干净。

(8) 用纯棉的毛巾擦干。用纯棉的毛巾由发根擦向发尾,并轻轻拍,使头发尽可能的干燥。不可过于大力地擦头发,导致头发鱼鳞状的表皮层受损,使头发毛躁。

(9) 将湿发吹干。利用吹风机或电风扇吹干头皮上的水分,但要注意不可将吹风机的热量集中在一个部位,使发质受损。干性发质的人一般不建议使用热风吹干头发,以免导致头发更加干燥。

以上介绍的是常规的洗发方法,当然,在洗发的过程中,对于不同的发质,在洗发的时候应有不同的侧重,例如,油性发质应避免使用护发素;干性发质使用营养滋润的护发素,但要避免使用吹风机吹发。

需要格外注意的是,每次洗发或护发时,要将头皮及头发上的洗护产品用温水彻底冲洗干净,不可遗留残余的洗护产品。

(三)头发保养与饮食

1. 油性发质

油性发质的人应少吃高脂肪食品,以低脂蛋白质的食物为宜,由于偏食导致的营养摄取不均衡很容易使得发质脆弱。同时,油性发质的人应多饮水,多吃绿色蔬菜、水果。可服少量维生素 E 和酵母片。

在饮食中,油性发质应尽量少或禁食以下食物:黄油和干酪、奶油食品、牛奶、肥肉、含防腐剂食品、香蕉、多脂鱼(鲑鱼、沙丁鱼、腓鱼)、鱼子酱、冰淇淋、腌制食品、鸡蛋等。

2. 中性发质

中性发质的人应注意饮食要合理,使营养均衡,体内的新陈代谢正常,保持健康的发质。牛奶、鱼、牛猪肉类、米麦类以及富有铁维的蔬菜,是富有卡路里和蛋白质的食物,可以维持人体正常的新陈代谢,还具有美发的效果。

3. 干性发质

干性头发护理时应注意合理的饮食营养。调整饮食,多食富含油脂和维生素 A、B 的食物,如核桃、芝麻、大枣、胡萝卜、青椒、菠菜、韭菜、油菜等;多吃水果,如橘子、柿子、甜杏等;动物肝脏、蛋黄、鱼类等;海带、紫菜等含碘丰富的食品。多吃蔬菜和生水果,少吃糖及脂肪类食物,限制食盐的摄入。

(四)头发保养与生活规律

作息时间不规律,经常熬夜也是导致油性发质的重要因素之一,严重者还会导致内分泌紊乱,所以,对于油性发质来说,应该调整作息时间,尽量避免熬夜,放松心情,减轻压力。

(五)头发保养与美发产品

1. 油性发质

油性发质的人在美发时,要适量使用美发产品,定型水、啫喱水等美发产品,会隔绝头发与空气的正常接触,增加头皮的负担,使用不当会使油脂分泌更加旺盛。

2. 中性发质

（1）为了保持健康的发质，中性发质的人建议尽量少烫发、染发，或在烫发、染发的前后定期地做头发的深度护理。

（2）定期修剪头发是保证良好发质的一个重要的条件，中性发质的头发可定期进行修剪，使发根至发梢都呈现健康的发质。

3. 干性发质

干性发质不可频繁地烫发或染发，一年最多两次，当发质状况较差时，不可烫发、染发，以避免高温、化学药剂对头发的伤害，否则会使头发更加干枯。尽量不用或少用电热卷发器，定期修剪开叉的发梢，不用塑料梳，可用木梳或骨制梳子梳理头发。

第二节 服务人员的发型要求

无论是女性还是男性，发型在整个服务形象中起到修饰的作用，恰当的发型可以弥补脸型不足及身材比例的失调。不当的发型，使整个形象大打折扣。

一、服务人员的标准发型要求

（一）女性服务人员的标准发型

女性服务人员的发型要求干净、整洁，无异味，无凌乱、夸张之感，与职业形象相匹配，具体要求如下。

1. 发型

1）长发发型

女性服务人员应将长发在脑后盘成椭圆形的发髻，发髻的最下缘不低于耳根部，最上缘不高于头顶，形状饱满。

2）短发发型

短发的发型不可夸张、怪异，不可留光头或过于蓬松的发型。头发长短应整齐，左右两侧长度对称，且发尾长度不过肩，长度可超过耳根的 2～3 厘米。

2. 发色

女性服务人员的头发颜色应显示自然、健康的头发本色，若需染发，只可染黑色或自然黑色。

当染的发色与原本发色有颜色差异时，应注意及时补色，不可使头发上呈现两种颜色。

3. 发饰

1）长发

长发在盘发时应用公司统一配备的发网或头花，有散发时不可用形状、样式夸张或颜色鲜艳的发卡，只可用黑色的小发卡固定，发卡数量不宜多，一般不超过四颗，且不可在明显的位置。

2）短发

短发一般不佩戴任何发饰。

4．刘海

女性服务人员可留适合自己脸型的刘海，刘海可是卷发，也可是直发，但长度不可低于眉毛。

（二）男性服务人员的标准发型

男性服务人员的头发应时刻保持整洁、无异味，无怪异、夸张之感。

1．发型

男士的发型以体现男性的阳刚、精神等特征，故不可太长或太短，不留短于1厘米的头发或光头，不可留夸张、怪异的发型，头发长度做到前不遮眉、侧不盖耳、后不抵领。

男性服务人员的头发一般为短直发，但特殊情况需要烫发的，不可有明显烫发痕迹。

2．发色

男性服务人员的头发颜色应显示自然、健康的头发本色，若需染发，只可染与原发色相近的黑色或自然黑色。当染的发色与原本发色有颜色差异时，应注意及时补色，不可使头发上呈现两种颜色。

3．发饰

男性服务人员不可佩戴任何发饰。

4．刘海

男性服务人员一般不留刘海，但若需配合脸型做造型时，刘海不可遮盖额头。

二、发型与脸型的搭配

亚洲人的脸型常见有七种：椭圆形脸型、圆型脸型、长方形脸型、正方形脸型、正三角形脸型、倒三角形脸型及菱形脸型等，发型的设计要与脸型匹配恰当，才能使整个人显得精神，且使人更具魅力。

（一）椭圆形脸型

1．脸型特征

椭圆形的脸型形似鹅蛋，故又称鹅蛋脸，是一种公认的标准脸型，故椭圆形的脸可以搭配任何发型。

2．适合的发型

短发显得人精干、时尚，长发使人稳重、大方，刘海可曲可直，直刘海显得清纯、可爱,曲刘海使人成熟、妩媚。

3. 不适合的发型

虽然椭圆形脸型适合留各种发型,但对于服务人员来说,还要遵循干净、大方等原则,不可留怪异、夸张造型的发型。

(二) 圆形脸型

1. 脸型特征

圆形脸型较为丰满,使脸型看起来较宽,所以,圆形脸在设计发型时应注意从视觉效果上缩小面部宽度与面积,拉长面部纵向距离。

2. 适合的发型

可留长发并将整个头发向后束起,同时,将刘海向上梳起,增加脸部的长度。

3. 不适合的发型

(1) 圆形脸型的人不适合留蓬松的头发,尤其是颊部以下的头发不可烫得蓬松,这样会使圆形脸显得更圆。

(2) 圆形脸型的人尽量不留刘海,避免脸部显得更短。

(3) 圆形脸型的人不适合各种造型及发色夸张、怪异、不符合服务形象的发型。

(三) 长方形脸型

1. 脸型特征

长方形的脸型给人感觉不活泼,过于严肃或沉稳,缺乏生机,且面部过长,所以在设计发型时,应该从视觉上缩短脸部的长度,同时,增加动感的元素。

2. 适合的发型

长方形的脸可留短发,且适合短的烫发发型,使面部两侧的头发略显蓬松,增加面部的宽度。当长方形脸型的人留长发时,应将头发向后束起,并留动感的刘海,缩短脸部的长度,但不宜留直刘海,这样会使面部看起来更加生硬。蓬松的曲线型刘海可使长方形脸看起来饱满圆润。

3. 不适合的发型

(1) 长方形脸型的人不宜留过长或过直的头发,这样会更加拉长脸部的长度。

(2) 长方形脸型的人不宜将刘海向上梳起,这样会拉长脸部的纵向距离,使面部比例更加不协调。

(3) 长方形脸型的人不适合各种造型或发色夸张、怪异、不符合服务形象的发型。

(四) 正方形脸型

1. 脸型特征

正方形脸型的额头饱满,下颌角明显,脸型偏短,面部缺乏柔美的感觉。在设计发型时应尽量矫正其过于突出的棱角,并拉上面部的长度。

2. 适合的发型

（1）正方形脸型的人可将刘海向上梳起,头顶部尽量蓬松。

（2）正方形脸型的人可烫发,并适当染色,颜色应比原发色略浅,缓和方形脸坚硬的轮廓线。

3. 不合适的发型

（1）正方形脸型的人不适合留过短且齐的头发,会使面部的线条显得更加生硬。

（2）正方形脸型的人不宜留直刘海,使脸显得更短。

（3）正方形脸型的人若要烫发,颊部以下的部位尽量不向外翻,且应有层次感。

（4）正方形脸型的人不适合各种造型及发色夸张、怪异、不符合服务形象的发型。

（五）正三角形脸型

1. 脸型特征

正三角形脸型的头顶及额角部较窄,下鄂部较宽,整个面部形似"梨"状,故又称梨形脸。此种脸型给人憨厚、诚实的感觉,缺乏活泼、生机。在发型设计应尽量使其显得活泼、生动。

2. 适合的发型

（1）可适当地留刘海,遮盖较窄的额头,但是刘海不宜过于厚重。

（2）头顶两侧的头发显蓬松,能使原本较窄的额头略显宽阔。

（3）学生发型、齐肩发型,遮盖原本宽阔的下颌角。

3. 不适合的发型

（1）不宜留长且直的发型。

（2）若烫发,不可将头发的下端烫的过于蓬松,重点应放在上部。

（3）正三角形脸型的人不适合各种发型或发色夸张、怪异、不符合服务形象的发型。

（六）倒三角形脸型

1. 脸型特征

倒三角形脸型的额头饱满,下颌角瘦削,给人机灵、小巧的感觉,但难以让人有稳重、信任之感,所以在设计发型时,应尽量体现其稳重的一面。

2. 适合的发型

（1）倒三角型脸可留短发,短发显得动感。

（2）可留长发并将头发向后束起,或将颊部以下的部位烫得蓬松些,显得稳重、大方,脸型饱满。

（3）由于额头过于饱满,可用刘海适当遮掩。

3. 不适合的脸型

（1）倒三角形脸型的人不适合将头顶上方或两侧的头发烫得过于蓬松,会使额头部位显得更大。

（2）倒三角形脸型的人不宜将刘海向上梳起加高头顶的高度。

（3）倒三角形脸型的人不适合各种发型及发色夸张、怪异、不符合服务形象的发型。

（七）菱形脸型

1．脸型特征

菱形脸型的上额角较窄，颧骨突出，下巴较尖。设计发型时，应考虑将视线尽可能地忽略脸部较为凸出的棱角。

2．适合的发型

（1）菱形脸型的人应把额头两侧的头发做蓬松拉宽额头的效果。

（2）菱形脸型的人可适当地留刘海，且刘海不宜过直。

3．不适合的发型

（1）头部两侧，从太阳穴以下到下颌角之间的部位的头发不宜烫得过于蓬松。

（2）不宜留过长、直的发型。

（3）菱形脸型的人不适合各种发型或发色夸张、怪异、不符合服务形象的发型。

思考与讨论

1．分析自身的发质类型。

2．分析自身的脸型，并根据脸型设计适合的发型。

3．设计服务人员的一天的服务内容。

学习单元四　服务人员的服饰形象

学习提示

服务人员的服饰形象关键在于服务人员着装的心态和出发点,必须严格符合不同场合、地点和角色的需要,因为服务人员在工作场合的形象代表着整个企业形象,它要求员工展现的是共性而不是个性。

教学目标

1. 了解服务人员的制服规范。
2. 掌握服饰的配色原则。
3. 掌握各种配件的使用及搭配技巧。

第一节　服务人员的制服规范

每个人的穿着打扮均被视为其自身教养的最为形象的说明,并且被视为对与自己交往对象尊重的程度有关,故不可掉以轻心。在服务过程中,合理的着装体现着服务的优劣。

制服,也称团体制服,顾名思义,是指团体统一着装,含有强制、制约、统一等之意,它是人们在从事某种活动或作业的过程中,为统一形象、提高效率及安全防护的目的而穿着的、特定制式的服装,企业对制服的各个方面要求统一,例如,款式、颜色、面料等,各部门岗位属同一设计的范畴,又略有区别,对外形象鲜明,对内识别明确,制服体现了公司的形象。

一、服务人员的制服着装原则

(一)"TPO"原则

服务人员在着装时应严格遵守"TPO"原则,所谓的"TPO"原则是英文词组"Time"(时间)、"Place"(地点)、"Occasion"(场合)的英文缩写,即着装时应考虑时间、地点、场合等因素。

1. Time(时间)

"T"是"时间"的英文缩写,泛指早晚、季节、时代,要求服务人员着装时,考虑季节的变化、时间及时代的变化进行选择上的变化。例如,服务人员在工作时间应按公司规定统一着工作制服或穿着便于工作需要的服装,而在工作以外则可选择性穿着。即使是穿制服,也要根据季节的变化而选择,例如,通常情况下,公司会按照季节的变化给每位员工配发夏装、春秋或冬装,员工应按照公司的要求穿着。

另外,着装还应考虑到时代的要求,过于时尚或过于落伍的服饰都显得分外突出,令人侧目,不符合服务行业的要求。

2. Place(地点)

"P"是"地点"的英文缩写,泛指地点、位置、环境等,要求服务人员着装时应考虑到地点、环境及具体位置,不同的地点与环境应有不同的服装款式。例如,同样是餐饮行业的服务人员,中餐厅的服务人员与西餐厅的服务人员的着装风格是完全不同的,而同样是中餐厅,由于岗位的不同,着装的要求也有所不同。

3. Occasion(场合)

"O"是"场合"的英文缩写,服务人员的着装还要考虑场合,服务人员的穿着应与企业文化氛围、公司办公环境与同事的穿着相吻合。例如,球场的工作人员着运动服显得轻松且专业化,但运动服用于其他大多数的服务行业给人过于放松、休闲的感觉,显然是不合适的。

(二) "4W"原则

"4W"是英文"When"(何时)、"Where"(何地)、"Who"(何人)、"Why"(为何)的首字母的缩写。

1. When(何时)

When,所谓的何时,指一个具体的时间概念。

2. Where(何地)

Where,所谓的何地,指着装的地点、场所。

3. Who(何人)

Who,所谓何人,即着装者。

4. Why(为何)

Why,所谓的为何,即着装者的着装目的。

(三) 统一性原则

在服务性的行业,每个企业都有其对制服的严格要求,在着制服时,应遵守企业对员工的具体要求统一着装,即同一部门的着装颜色、样式等应相互统一。个人不得擅自修改其样式或改变服装的颜色。

(四) 特殊性原则

对于个别特殊的岗位,或特殊的人群,应设立对其适应的着装要求。例如,怀孕期间,女性服务人员应着与其部门样式相同,但宽大、舒适的服装,且着平跟鞋,保证孕妇的安全与胎儿的健康成长。又如,同一部门的不同级别的员工,应在服装的颜色、样式上略做区分。

（五）和谐性原则

服务人员的制服要与其年龄、形体、气质、职业等相稳和,给人协和的美感。

服务人员在着装时,应该考虑以下几个方面的和谐:服装与社会角色、服装与体型、服装与肤色、服装与年龄、服装与化妆色彩等。

（六）整体性原则

整体性原则是指,服务人员的着装要考虑多方面的因素,如配饰、配件等与服饰形象搭配的整体效果。

（七）个性化原则

每个服务行业都有其特点,服饰形象的设计要符合企业的特征,体现其行业鲜明的特征。

（八）整洁性原则

无论何时何地,服务人员的服装要求干净、整洁,给人舒适感,切不可有邋遢的印象留给他人。

二、女性服务人员的制服要求

（一）衬衣

1. 基本要求

女性服务人员的衬衣应挺括、整洁、无褶皱。在着衬衣时应系好所有纽扣或留一颗纽扣不系,纽扣脱落时应及时补上。长袖衬衣应注意不可挽起袖口,以免给人凌乱、邋遢之感。

2. 禁忌

（1）不合身的衬衣。

（2）不整齐或整洁的衬衣。

（3）公司要求以外款式的衬衣。

（4）衬衣残旧、纽扣脱落等。

（二）马夹

1. 基本要求

穿马夹时应佩戴工作牌,马夹上的纽扣应系好。

2. 禁忌

（1）过于宽松或紧绷的马夹。

（2）不要求穿马夹的时间或场合。

（3）马夹不整洁。

（三）外套

1. 基本要求

在服务行业,外套的穿着率很高,尤其是冬装制服中,根据不同行业的需求,女性服务人员的外套的款式也多种多样:单排扣外套、无扣短外套、双排扣外套、齐腰外套、直身长外套、收腰外套等样式都被广泛运用。而这些不同款式的外套一般采用深蓝色、咖啡色、米灰色、黑色、深紫色等,在穿着时应注意以下几个方面。

(1)服务人员在着外套时必须保持外套的干净、整洁,无褶皱、污垢、油渍等。

(2)着制服外套时,除无扣的短外套以外,其他的外套必须要系好纽扣。

2. 禁忌

(1)外套不整齐、不整洁。

(2)不系纽扣。

(3)佩戴装饰物品。

(四)大衣

1. 基本要求

(1)穿大衣时应该保证平整、干净,无污物、油渍。

(2)大衣的长短适中、合身。

(3)穿大衣时可佩戴帽子,并系好纽扣。

2. 禁忌

(1)不整齐、不整洁。

(2)随意穿着,不符合职业要求。

(3)岗位要求不可穿大衣时,自行穿着。

(五)风衣

1. 基本要求

当有公司统一配发的统一风衣时,风衣应穿在制服外套外,并将腰带、纽扣系好。风衣一般在秋冬季穿着。

2. 禁忌

(1)与季节不符。

(2)不系纽扣或腰带。

(3)与公司要求样式不符。

(4)夏季、天气炎热或公司规定的时间以外穿着上班。

(六)裤子

1. 基本要求

(1)穿着裤子前,应将裤子熨平整,不可有褶皱、污垢,裤子的两侧口袋不可放物品。

(2)西裤的长度以穿皮鞋时,裤脚盖住半个脚面为宜。

2. 禁忌

（1）过长或过短的裤子。

（2）样式夸张，不符合工作要求的裤子。

（3）颜色过于鲜艳。

（4）不整洁、不平整的裤子。

（七）裙子

1. 基本要求

服务行业的女性的裙子一般以分体或连身的中腰或高腰的直筒裙、A字裙为主，裙子的长度应略高于膝盖3～5厘米；也有一些服务行业着旗袍等款式，无论哪种样式的裙子，在穿着时都应注意宽窄适宜，平整无褶皱，并保持干净。

2. 禁忌

（1）黑色皮裙。

（2）过紧或过于宽松的裙子。

（3）过长或过短的裙子。

（4）不整齐、不整洁的裙子。

（八）内衣

1. 基本要求

穿制服时，应穿样式简单、大小合适、白色或肉色的内衣。

2. 禁忌

（1）内衣外露。

（2）深色的内衣。

（3）花纹较多的内衣，如内衣边缘有明显的褶皱、花式。

（4）有油渍、异味的内衣。

三、男性服务人员的制服要求

服务行业对男性服务人员的着装同样有严格的要求，具体如下。

（一）衬衣

1. 基本要求

（1）男性服务人员的衬衣应保持平整、干净，无油渍、汗渍、异味等。

（2）男性服务人员若打领带，应系好所有纽扣，若不系领带，则要解开最上面的一颗纽扣，但领角有扣的衬衫即使不打领带也要扣上。

（3）衬衣应以单色为宜，颜色不宜过于鲜艳。

（4）衣领高于西装领口1厘米左右，衬衣的下摆应塞在西裤里。

（5）衣袖要长于西装上衣的袖子约1.5厘米，而且袖口上的扣子要扣上。

（6）与西装的颜色搭配应以"外深内浅"或"内深外浅"为宜。

(7) 注意衬衣里的衣服不要露出领口。

2. 禁忌

(1) 衬衣大小不合身,过大或过小。

(2) 衬衣破旧、不整洁、不整齐或有异味。

(3) 款式或颜色夸张,不符合职业要求。

(4) 长袖衬衣挽起袖口。

(5) 衬衣的口袋放杂物。

(6) 衬衣上佩戴装饰物。

(7) 纽扣脱落。

(二) 马夹

1. 基本要求

穿马夹时应佩戴工作牌,马夹上的纽扣应系好,不穿过于宽松或紧绷的马夹。

2. 禁忌

(1) 随意穿着马夹,不扣或扣错纽扣。

(2) 马夹的大小不合适。

(3) 马夹不整齐、不整洁,残旧等。

(三) 外套/西装

1. 着外套基本要求

(1) 服务人员在着外套时必须保持外套的干净、整洁,无褶皱、污垢、油渍等。

(2) 着制服外套时必须系好纽扣,同时不得佩戴任何装饰性物品。

2. 着西装的基本要求

西装有单件上装和套装之分。非正式场合,可穿单件上装配以各种西裤或牛仔裤等;半正式场合,应着套装,可视场合气氛在服装的色彩、图案上选择大胆些;正式场合,则必须穿颜色素雅的套装,以深色、单色为宜。服务人员工作期间应该按照公司的统一规定穿着。

1) 着西装时的基本要求

(1) 新西装袖口的标签要拆掉。

(2) 西装上衣的长度以垂下手臂和虎口平齐为宜。

(3) 西装的颜色应与衬衣配套。

(4) 西装应与领带配套。

(5) 着西装时必须系领带。

2) 西装扣子常见扣法

常见男士西装有一粒扣子、两粒扣子、三粒扣子等款式,扣子不仅有装饰的功能,其扣法也有讲究。

（1）单粒扣子。全扣。当西装上衣是一粒扣子时,要求将纽扣住。

（2）两粒扣子。扣上粒。当西装上衣是两粒扣子时,应将上面的一粒扣子扣住。

（3）三粒扣子。扣上两粒。当西装上衣是三粒扣子时,应将上面的两粒扣子扣住,也可只将中粒扣子扣住。

3．禁忌

（1）不整齐、不整洁。

（2）随意穿着,不符合职业要求。

（3）长度或宽窄不合适。

(四) 大衣

1．基本要求

（1）穿大衣时应该保证平整、干净、无污物、油渍。

（2）大衣的长短适中、合身。

（3）穿大衣时可佩戴帽子,并系好纽扣。

2．禁忌

（1）不整齐、不整洁。

（2）随意穿着,不符合职业要求。

（3）岗位要求不可穿大衣时,自行穿着。

(五) 风衣

1．基本要求

（1）当有公司统一配发的风衣,并要求统一穿着时,必须着风衣。

（2）风衣应穿在制服外套外,并将腰带、纽扣系好。

（3）风衣一般在秋冬季穿着。

2．禁忌

（1）风衣不整齐、不整洁。

（2）随意穿着,不符合职业要求。

（3）岗位要求不可穿风衣时,自行穿着。

（4）炎热的天气或室内岗位服务时穿着。

(六) 裤子

1．基本要求

（1）着裤装时裤脚前面盖住半个鞋面的长度为宜。

（2）穿着裤子前,应将裤子熨平整。

2．禁忌

（1）裤子有褶皱、污垢。

（2）裤子的两侧口袋放物品。

(3) 裤子的长短或宽窄不合适。

第二节　服务人员应具备的配件使用技巧

服务人员的服饰形象要求整体协调,给人和谐安定的美感,在服饰形象中,配件起到点缀、呼应的作用,是整体形象中不可缺少的重要物件。

一、配件的种类
配件的种类分为实用性配件与装饰性配件两大类。
1. 实用性配件
(1) 女性服务人员的实用性配件有:帽子、丝巾、腰带、鞋子、袜子、围巾、服务牌、手表、眼镜等。
(2) 男性服务人员的实用性配件有:帽子、领带、皮带、鞋子、袜子、围巾、服务牌、手表、眼镜等。
2. 装饰性配件
(1) 女性服务人员的装饰性配件有:首饰、发饰、胸花。
(2) 男性服务人员的装饰性配件有:首饰。

二、实用性配件的使用技巧
(一) 女性服务人员的实用性配件的使用技巧
1. 帽子
一般情况下,服务人员着夏装时或室内岗位不佩戴帽子,穿春、秋、冬装制服及穿风衣、大衣时,或室外的岗位可佩戴帽子。帽子不可随意佩戴,应将帽子上的帽徽与鼻梁正中呈一直线,帽子边缘在眉毛的上方约 2~3 厘米的水平线上。

2. 丝巾
丝巾可用于女性服务人员一年四季佩戴,与服装搭配,显示出女性不同的气质风格。
1) 佩戴要求
女性服务人员可佩戴丝巾,一般以方形丝巾为主,佩戴方式应按公司的规定统一佩戴,时刻保持丝巾的整洁,不可有抽丝、脱色等现象。
2) 佩戴方法
常见的丝巾佩戴方法有以下几种。
(1) 平结系法。
平结的系法简单大方,适合多数服务行业使用。
① 把丝巾平铺,使正面朝下,两对角各对折三次,使其呈约 3 厘米的宽度。
② 将对折好的丝巾套在脖子上。
③ 丝巾的两端交叉在一起。

④ 将长的一端放在上面,从短的一端下面向上穿过来。

⑤ 将左手的食指、中指与拇指压在结上。

⑥ 再拉住长的一端从右向左横向绕短的一端一周。

⑦ 将长的一端从横绕形成的环中拉出,系成一个结。

⑧ 整理系好的领结的形状,并将其移至合适的位置。

(2) 领带结系法。

领带结的造型活泼、中性,可搭配洋装或衬衣,略显活泼。

① 丝巾按对角折叠法折叠。

② 将丝巾以左右长度比为 2∶1 的比例挂在脖子上。

③ 将丝巾长的一端里面翻转过来,放到短的一端下面。

④ 将长的一端面朝上,从短的一端上面绕过去。

⑤ 将绕过来的部分从缠绕在脖子上的长的一端的下面穿过去。

(3) 仔结系法。

牛仔结给人热情活泼的印象,适用部分服务行业使用,例如,西餐厅的服务人员可使用此系法。

① 丝巾沿着对角线对折,两端稍稍错开。

② 将对折好的角斜放在颈前。

③ 将颈后的丝巾的两端系成一个平结。

④ 整理一下丝巾褶的形状。

(4) 心形结系法。

心形结的系法简单大方,给人干练、成熟的感觉。

① 把丝巾平铺,使正面朝下,对角线对折三次,使其呈约 3 厘米的宽度。

② 将对折好的丝巾搭在左手上。

③ 用右手拉住丝巾的一端,在整个丝巾的中部打一个结。

④ 整理领结,使之形成心形的效果。

⑤ 将领结放在颈部的斜前方。

⑥ 将丝巾的两端放在颈后,按照平结的系法系在颈后。

(5) 玫瑰花结系法。

玫瑰花系法成熟、妩媚,适合较成熟的女性或专门服务于女性的行业的女性服务人员佩戴。

① 将丝巾折成领带型。

② 将丝巾搭在脖子上,两边的长度比例约为 1∶4。

③ 固定丝巾的一端,另一端拧转。

④ 拧紧后绕短的一端环绕。

⑤ 将两端的尾部从结眼拉出做玫瑰花的叶子。

⑥ 调整玫瑰花到适合的位置上。

（6）小丑结系法。

小丑结活泼、俏丽，适合各种年龄段的女性佩戴，使其时尚、动感。

① 将丝巾正面朝下平铺。

② 分别用双手的拇指、食指、中指捏住丝巾平行的两端。

③ 将整个丝巾折成宽约1厘米的百叶状。

④ 将丝巾搭在脖子上，使丝巾的两端一端略长，一端略短。

⑤ 用丝巾长的一端绕短的一端打一个结。

⑥ 调整结到适合的位置上，并整理其形状。

（7）蔷薇花结。

蔷薇花结的造型大方，系法简单，适合颈部较长的女性使用。

① 将丝巾的正面朝下。

② 将丝巾的其中两个对角打成死结。

③ 将丝巾剩下的两个对角分别从之前打成的结下穿过。

④ 轻轻的穿过的两丝巾对角向外拉出，使丝巾的正面形成蔷薇花的形状。

⑤ 将拉出的两角系在脖子后方，可用平结的系法打结。

（8）巴黎结。

巴黎结的造型简单大方，适合较为成熟的女性，给人稳重、知性的感觉。

① 将丝巾的正面朝下。

② 将丝巾重复对折，折出领带型。

③ 绕在颈上打个活结。

④ 将上端遮盖住结眼，并将丝巾调整至适当位置。

3. 围巾

围巾用于搭配冬装制服，佩戴方法以公司统一规定为准。

4. 围裙

餐饮服务业的服务员可穿围裙，并佩戴服务牌，其他的服务人员不必穿着，穿围裙时应注意围裙整洁、平整。在服务过程中，服务人员进出洗手间时必须将围裙脱掉。

5. 服务牌

一些公司会给每位服务人员配备刻有名字的服务牌有的也称胸牌，在整个服务过程中应佩戴，佩戴方法如下：服务牌应佩戴在左侧肩膀正中向下15厘米左右的水平线上。服务牌正面不得有遮盖物。

6. 手表

服务时,可佩戴手表,并及时对时。手表应戴在左手手腕上,手表样式应简单、大方,刻度清晰,不可有夸张的图案,手表的表带以金属和皮质为宜,表带宽度不得超过2厘米,皮表带颜色限制在黑、棕、棕褐、深灰等色。

7. 眼镜

女服务人员不得佩戴美瞳,不得佩戴墨镜,可佩戴无色的隐形眼镜或简单框架式的眼镜。框架式眼镜可以矫正视力,也有一定矫正脸型的作用,例如,流线型框架的眼镜适合方形的脸,使脸部显得柔和;略带棱角的框架可以矫正过于圆的脸型。眼镜的颜色不可夸张夺目,款式应简洁大方。

8. 袜子

1)丝袜

女性服务人员在穿裙装时,必须穿公司统一配备的长筒或连裤丝袜,丝袜的颜色一般以单色为主,不可有破损、抽丝现象,不可有油渍、污渍。为了避免在服务过程中由于丝袜破损造成尴尬,应在工作期间多准备一双丝袜。

2)棉质袜子

部分的服务行业要求员工着运动鞋,此时,应配以素色的棉质袜子。

9. 工作鞋

由于行业的要求不同,女性服务人员在服务时常见着皮鞋、布鞋、运动鞋等几种类型。

(1)服务人员在着皮鞋时,一般以黑色为主。皮鞋跟以3~5厘米为宜,特殊岗位可穿平跟鞋或黑色的布鞋。

(2)个别服务行业,例如,球场服务,要求服务人员穿运动鞋。

无论着什么款式或何种颜色的鞋子,新鞋子在穿着前应先将鞋底下的标签撕掉。

(二)男性服务人员实用性配件的使用技巧

1. 帽子

一般情况下,着夏装时不佩戴帽子,穿春、秋、冬装制服及穿风衣、大衣时应佩戴帽子。帽子不可随意佩戴,应将帽子上的帽徽与鼻梁正中呈一直线,帽子边缘在眉毛的上方约2厘米的水平线上。

2. 服务牌

公司会给每位服务人员配备刻有名字的服务牌,在整个服务过程中应佩戴,佩戴方法如下:服务牌应佩戴在左侧肩膀正中向下15厘米左右的水平线上,或衬衣、马夹、外衣的上衣口袋的正上方。服务牌正面不得有遮盖物。

3. 手表

服务人员在工作时可佩戴手表,并及时对时。手表应戴在左手手腕上,手表样式应简单、大方,刻度清晰,不可有夸张的图案,手表的表带以金属和皮质为宜,表带宽度不得超过2cm,皮表带颜色限制在黑、棕、棕褐、深灰等色。

4. 眼镜

男性服务人员服务时不得佩戴美瞳，不得佩戴墨镜，可佩戴样式简单的眼镜，或佩戴无色的隐形眼镜。框架式眼镜可根据脸型选择佩戴，如脸型较大的人可选择边框略宽的样式，使人显得沉稳，而金丝边的眼镜则适合脸型消瘦的人佩戴，突出其清秀、斯文的气质特征。眼镜的颜色不可夸张夺目，款式应简洁大方。

5. 领带

领带时刻要平整、干净，佩戴时应将上衣领的扣子系好，领带的长度适宜，位于皮带扣正中的垂直线上，穿马夹时，不可将领带放在马夹以外。领带的常见系法有十种：平结、双环结、交叉结、双交叉结、半温莎结、温莎结、亚伯特王子结、简式结、浪漫结、四手结（图4-1）。

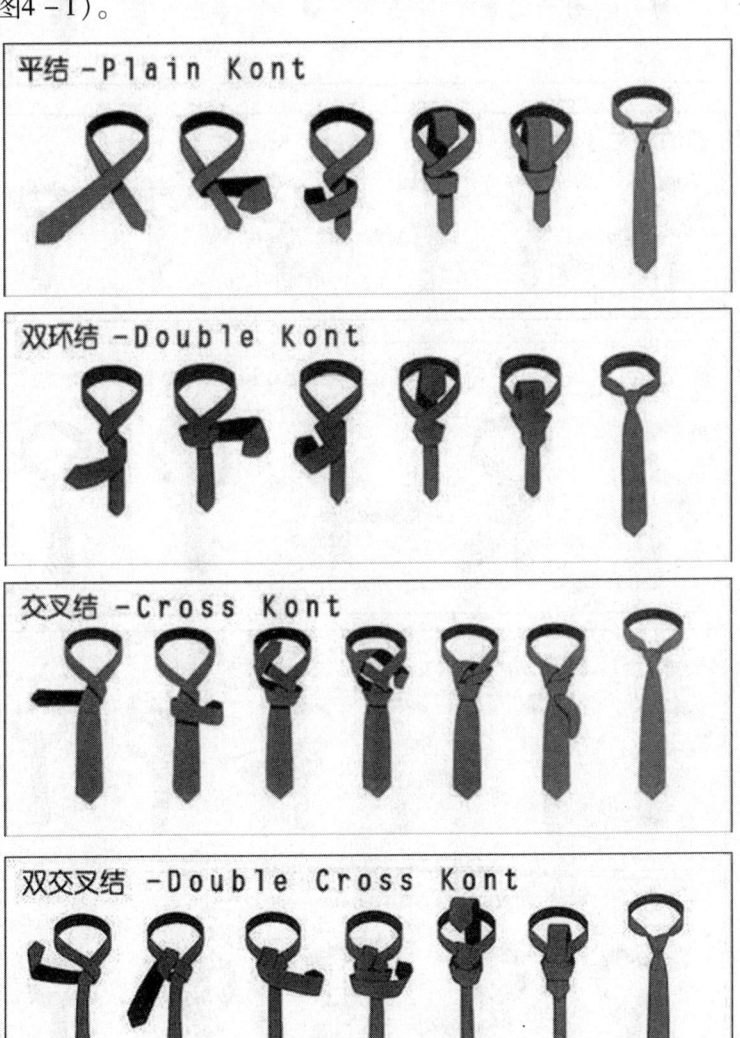

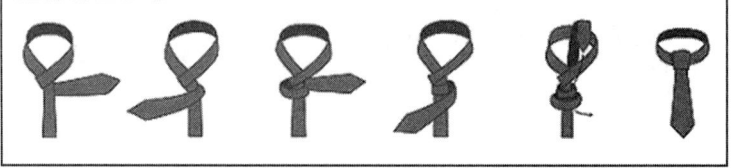

图4-1 十种常见领带系法

6. 皮带

男性服务人员皮带的皮带扣样式应简洁大方,皮带的颜色以黑色为主。

7. 肩章

佩戴肩章时,应保持肩章的平整、干净,位置正确。

(三)袜子

1. 基本要求

(1)男性服务人员穿皮鞋需穿深色的棉质袜子。

(2)男性服务人员穿运动或休闲鞋需穿浅色的棉质袜子。

2. 禁忌

(1)袜子破洞或有异味。

(2)有过多花纹或图案。

(四)工作鞋

男性服务人员的鞋子以皮鞋为主,一般情况下为黑色,也有个别的服务行业要求着运动鞋。无论是皮鞋还是运动鞋,都应该保持鞋子表面干净,无油渍、灰尘和异味。

三、装饰性配件的使用技巧

(一)女性服务人员装饰性的配件的使用技巧

1. 首饰

1)戒指

女性服务人员可配戴1枚婚戒,设计简单、大方。但一些服务行业是不允许佩戴戒指的,例如,美容、美发等行业,佩戴戒指时,会影响服务质量。

2)项链

女性服务人员可戴一条纯金或纯银的项链,样式简单大方,须佩戴在衬衣里面,不允许外露。

3)耳饰

女性服务人员不允许戴下坠的各式耳环、耳坠,只允许戴一副耳钉,式样简洁、大方,颜色以银色、浅色为佳。

2. 发饰

女性服务人员的发饰应以简单大方为主,且数量不宜多,颜色应与服装的颜色相协调。

3. 胸花

胸花又称为胸饰,是用来装饰仪表、美化容貌的一种配件,胸花可以起到协调整体形象的作用。佩戴胸花应注意以下几点。

(1)胸花要与服装的样式、颜色相匹配,服务行业的女士服装的款式相对较单调、颜色暗沉,故胸花的颜色可适当鲜艳些,但款式不宜夸张。

（2）佩戴胸花时要注意场合与实际情况，例如，当有服务牌佩戴时则不宜佩戴胸花。

（3）胸花的款式应与脸型、身型相匹配。

（4）胸花应戴在第一第二粒纽扣之间的平行位置上。

（二）男性服务人员装饰性配件的使用技巧

1. 首饰

男性服务人员可配戴1枚婚戒，设计简单、大方。不宜佩戴其他的首饰。

2. 领带夹

领带夹主要用途是固定领带，可有装饰性的作用。使用时应注意以下几个方面。

（1）领带夹应在穿西服时使用。应将其别在特定的位置，即从上往下数，在衬衫的第四与第五粒纽扣之间，将领带夹别上，然后扣上西服上衣的扣子，从外面一般应当看不见领带夹。

（2）单穿长袖衬衫时不需要使用领带夹。

（3）穿夹克时不需要使用领带夹。

（三）注意事项

（1）任何服务人员都不得佩戴鼻环、舌环、眉环、手链、脚链、手镯等装饰物。

（2）佩戴戒指、项链与耳饰等首饰应质地统一，以白金、银为主。

（3）无论女性服务人员还是男性服务人员，由于各服务行业及公司的企业文化的不同，在实际工作中，佩戴首饰的具体要求应以本公司规定为准。

第三节　服饰形象的色彩搭配技巧

一、服饰形象色彩的搭配

在服饰形象设计中，将两种或两种以上的颜色进行搭配设计，使之产生一定的视觉效果，称为服装配色。常见的服装色彩搭配法有对比色配色、同类色配色、相似色配色三种形式。

（一）对比色的搭配法

1. 定义

对比色，是指在色相环的同一直径上的两对立色彩，或此对比色两旁的邻接色，都称为这个指定颜色的对比色。比如：红色与黄色、黄色与蓝色、红色与蓝色、蓝色与橙色、黄色与紫色、红色与绿色等。其中处于180°相对应的互补色，对比最为强烈。对比色的效果活泼、刺激，变化丰富。

对比色是利用两种颜色的强烈反差而取得的视觉美感，被部分服务行业使用。

2. 使用时的注意事项

在服饰形象的设计中,运用对比色进行搭配时,应该注意以下几点。

(1) 上下衣裤在色彩的应用上应有纯度与明度的区别。

(2) 两种颜色在使用时,在面积上应有大小之分、主次之别,不能用等同面积的大小来搭配。

(二) 同类色搭配法

同类色,是指同一色相、色彩的不同纯度与明度。以24色相环来划分,色相环中相距45°角,为同类色关系,同类色色相主调十分明确,是极为协调、单纯的色调。它能起到色调调和、统一,又有微妙变化的作用。同类色对比属于弱对比效果的色组。

(三) 相似色搭配

相似色系指色环大约在90°以内的邻近色。如红与橙黄、橙红与黄绿、黄绿与绿、绿与青紫等都是相似色。这类色彩的搭配相互协调,有和谐亲切之感,且将有限的衣物搭配出丰富的组合。相似色服装搭配变化较多,且仍能获得和谐统一的效果,在服务行业的服饰设计中被广泛运用。

(四) 无色彩系搭配

无色彩系包括黑色、白色、灰色,在服务行业中,常被用于服饰中的色彩搭配设计。

1. 无色彩系与无色彩系搭配

无色彩系与无色彩系搭配给人利落、干净、严肃的感觉,例如,黑色与白色的搭配,黑色与灰色的搭配,灰色与白色的搭配。

2. 无色彩系与有色彩系搭配

常见的搭配方法是以无色彩系作为主色,大面积使用,有色彩系做装饰,用于局部。

(五) 服饰形象中的色彩运用的注意事项

服务行业中服饰的颜色一般采用低明度、低纯度色,服装的色彩可根据配色的规律来搭配,以达到整体色彩的和谐美。

(1) 全身色彩要有明确的基调。主要色彩应占较大的面积,相同的色彩可在不同部位出现。

(2) 全身服装色彩要深浅搭配,并要有介于两者之间的中间色。

(3) 全身大面积的色彩一般不宜超过两种。

(4) 服装上的点缀色应当鲜明、醒目,起到画龙点睛的作用,一般用于各种胸花、发夹、丝巾、徽章及附件上,不适合大面积的使用。

(六) 服装颜色的搭配禁忌

在配色时,必须注意衣服色彩的整体平衡以及色调的和谐。以下色彩搭配的方法不可使用:

（1）冷色与暖色的搭配。

（2）亮色与亮色的搭配。

（3）暗色与暗色的搭配。

（4）杂色与杂色的搭配。

（5）图案与图案的搭配。

二、服饰形象设计

(一) 色彩含义

色彩本身是没有任何含义的,但不同的色彩能给人不同视觉、心理上的不同感受。

1. 红色

红色给人活跃、热情、勇敢、爱情、健康、野蛮的感觉。红色与其他颜色的搭配效果：

（1）与黑色搭配显得稳重。

（2）与白色搭配显得活泼,与灰色搭配显得优雅。

（3）红色与金、银色搭配,显得时尚、动感。

2. 橙色

橙色象征着富饶、充实、未来、友爱、豪爽、积极,可以与黑色、金色、绿色、黄色、紫色等搭配。

3. 黄色

黄色代表着智慧、光荣、忠诚、希望、喜悦、光明。黄色可与无色彩系的黑、白、灰色搭配,与黑色搭配显得沉稳,与白色搭配显得可爱,与灰色搭配显得和谐。同时,可与金色、咖啡色搭配,有和谐、自然、华丽的感觉。

4. 绿色

绿色给人公平、自然、和平、幸福、理智、幼稚的感受,可与黑、白、粉红、金、银、黄、橙等色搭配。

5. 青色

青色让人感到平静、愉快、富有、保护、独特、奢侈。

6. 蓝色

蓝色代表自信、永恒、真理、真实、沉默、冷静。蓝色可与黑、白、粉、蓝、橙等色搭配。蓝色与白色搭配,简单大方；与黄色搭配,给人明快的感觉；与粉色搭配,显得时尚动感。

7. 紫色

紫色代表权威、尊敬、高贵、优雅、信仰、孤独,可与黑、白、粉红、金、银、黄等色搭配。

8. 黑色

黑色代表神秘、寂寞、黑暗、压力、严肃、气势。

9. 白色

白色代表纯洁、意想、寒冷、严峻、广阔、永恒。服饰用色上,白色是永远流行的主要色,可以和任何颜色搭配,增加明快感。

10. 灰色

灰色代表高雅、柔和、安静、协调、中性、经典,且属于中间性格,男女皆能接受,所以灰色也是永远流行的主要颜色,可以与任何颜色搭配。

11. 金色、银色

金色、银色代表活力、乐观、幸福、理想主义、希望、豁达、青春,常在服饰设计中起点缀、装饰的作用,用于小面积的局部设计。例如,在暗沉的服装色中加入金色的纽扣,起到画龙点睛的作用。

(二)常用的服装色彩搭配范例

在服务行业,合理的色彩搭配不仅体现审美情绪,还能代表与突出其个性化的服务。

1. 搭配原则

(1)上身服装颜色深于下身服装颜色,显得端庄、大方、恬静、严肃。

(2)上身服装颜色浅于下身服装颜色,显得明快、活泼、开朗、自信。

(3)突出上衣时,裤装颜色要比上衣稍深。

(4)突出裤装时,上衣颜色要比裤装稍深。

2. 服务业常见的服装色彩搭配范例

(1)女性服务人员服装配色范例见表4-1。

表4-1 女性服务人员服装配色范例

序号	上衣颜色	裙子/裤子颜色
1	淡琥珀色	暗紫色
2	暗橙色	靛青色
3	灰黄色	淡灰青色
4	淡红色	深青色
5	暗绿色	棕色
6	灰黄绿色	黛赭色
7	中灰色	润红色
8	淡红色	浅紫色
9	暗红色	浅灰色

（续）

序号	上衣颜色	裙子/裤子颜色
10	绿色	咖啡色
11	橄榄绿色	褐色
12	琥珀黄色	紫色
13	暗黄绿色	绀青色
14	灰黄色	暗绿色
15	黄绿色	润红色

（2）男性服务人员服装配色范例见表4-2。

表4-2 男性服务人员服装配色范例

序号	衬衣颜色	套装颜色
1	浅黄色	深蓝色
2	灰色	深蓝色
3	白色	黑色
4	深栗色	黑色
5	白色	深灰色
6	中灰色	深蓝色
7	灰色	黑色
8	白色	灰色
9	米色	深棕色
10	鹅黄色	黑色

思考与讨论

1. 配件分类有几种？如何运用？
2. 根据所学知识，快速并正确地掌握丝巾及领带的系法。

学习单元五　服务人员的言谈举止形象

学习提示

服务人员在服务的过程中,语言表达与行为举止都是非常重要的服务语言,而培养得体的服务语言需要时间的积累和认真的钻研,播下行为的种子,从而培养成一种习惯。

教学目标

1. 了解及掌握服务过程中服务人员的面部表情。
2. 掌握正确的站、坐、行等各种基本礼仪姿态。
3. 掌握服务中的蹲姿、鞠躬、服务手势等各种礼仪形态。
4. 掌握服务言语形象。
5. 了解并分析自身存在的不良姿态并加以矫正。

第一节　服务人员的面部表情

一个人的个人形象的好坏,直接影响到其社交活动的成功与失败。对于服务行业来说,形象就是服务,形象就是效益。而服务人员的微笑、眼神等形象,就像是人的一张名片,时刻体现着一个人的素质、修养,也是服务中一种最好的语言。

一、面部表情的定义

面部表情指的是人类在神经系统的控制之下,面部肌肉及其各种器官所进行的运动、变化和调整,以及面部在外观上所呈现出的某种特定的形态。它属于人际交流之中的"非语言信息传播系统",并且是其核心组成部分。人类的表情变化多端,不可胜数,且民族性、地域性差异较少,可以堪称是世界性的语言。

二、面部表情训练的作用及原则

(一)面部表情训练的作用

法国生理学家科瑞尔说"脸反映出了人们的心理状态","脸就像一台展示我们人的感情欲望、希冀等一切内心活动的显示器"。面部表情是人类无声的语言。相对于举止而言,表情更直观且形象,容易被觉察和理解。

在人们所接受的来自他人的信息之中,约有45%来自有声的语言,而约55%来自无声的语言。而在后者之中,又有70%以上来自表情,由此可见其在人际交往中所处的重要位置。

而在面部表情中,眼神与微笑尤为重要。

(二)面部表情训练的原则

面部表情训练时,要注意以下几个原则。

(1)谦恭。

(2)友好。

(3)真诚。

(4)适时。

(5)适度。

三、眼神与服务

眼睛是心灵的窗口,在人类的五种感觉器官:眼、耳、鼻、舌、身中,眼睛最为敏感,它通常占有人类总体感觉的70%左右。一双眼睛能传出喜、怒、乐不同的情感。

眼神,是对眼睛的总体活动的一种统称,能够最明显、自然、准确地展示心理活动。人际交往中,87%来自视觉。因此,在交际中要善于运用眼神传达自己的情感。

公关交际活动中人们的眼神受到文化的严格规范,即眼神礼仪的制约,如不了解,在公关交际中会失礼。

在面对客人时,服务人员应做到目光友善、亲切、坦然、和蔼、真诚。

(一)眼神礼仪

1. 注视时间

在服务过程中,注视对方的时间非常重要。与人交谈时,注视对方的时间约占整体谈话时间的30%~60%。

眼睛注视对方的时间超过整个交谈时间的60%,属于超时型注视,眼睛注视对方的时间低于整个交谈时间的30%,属低时型注视,这两种注视时间都是属于失礼的。特殊情况例外:如当对方是多年未见的老朋友时,使用超时型注视,说明对对方人来的关注程度高于说话的内容;当对方年幼时,也可用超时型关注表达对对方的关心。当刻意回避对方提出的尴尬问题时,可使用低时型关注,有利于避开此类话题;当客人指责服务人员的工作失误时,服务人员可将注视的时间转化为倾听的时间。

2. 注视范围

在服务过程中,与人交谈时,目光应该注视着对方。但应使目光局限于上至对方额头,下至对方衬衣的第二粒纽扣以上,左右以两肩为准的方框中。在这个方框中,一般有公务注视、社交注视、亲密注视三种注视方式,而对于服务人员来说,服务人员注视的位置应在对方的双眼与嘴唇之间的三角区域。

说话、交谈与对方视线应经常交流(每次 3～5 秒),其余时候应将视线保持在对方眼下方到嘴上方之间的任一位置,重要的时刻眼神尤其要与对方有交流,同时注意不能上下反复打量对方。

3. 注视角度

正确的注视角度既方便服务工作,又不至于引起服务对象的误解。正确的注视的角度有不同含义的情感的表达。

1) 正视对方

即在注视他人的时候,将身体前部与面部正面朝向对方,正视对方是交往中的一种基本礼貌,其含义表示重视对方,同时表达平等、自信、坦率的性格。

2) 平视对方

在注视他人的时候,目光与对方相比处于相似的高度。在服务工作中平视服务对象可以表现出双方地位平等和不卑不亢的精神面貌。

3) 仰视对方

在注视他人的时候,抬眼向上注视他人,这种情况一般是服务人员所处的位置比对方低,就需要抬头向上仰望对方。在仰视对方的状况下,往往可以给对方留下信任、重视的感觉,适度的仰视赢得对方的好感。

4) 俯视对方

俯视即目光向下注视他人,在服务过程中,对于双方身高及所处高度差异不大时,俯视给人蔑视、傲慢之感,但若用于特殊对象,如儿童、晚辈等,俯视则有关爱、宽容之意。

(二) 眼神训练法

(1) 瞪大眼睛,正视前方某一物体,努力看清,眼睑渐渐放松眼球回缩,虚视前方。

(2) 眼光自左向右缓慢扫视,再从右向左扫视,速度逐渐加快。

(3) 双眼从左侧看起,按顺时针转动一周,再按逆时针转动一周,如此反复。

(三) 眼神礼仪的注意事项

1. 注意眼神的集中度

英国人体语言学家莫里斯曾说:"眼对眼的凝视只发生于强烈的爱或恨之时,因为大多数人在一般场合中都不习惯于被人直视。"因此,不能对关系不熟的人,或对客人的身体某一部位长时间凝视,否则将被视为一种无礼行为。

当然,凝视眼神礼仪受文化的影响很大,应尊重其文化差异,如许多黑人避免直视对方的眼神,而白人则认为避免看他的眼神是对自己不感兴趣的表示;朝鲜人在追求对方时总是看着对方的眼睛来知悉对方的真实想法,这样在遭拒绝时就不会羞愧;而日本人却认为看对方的眼睛是不礼貌的,只能看对方的颈部。当然注视范围同样也受文化的影响,如美国人谈话时看对方眼睛的时间不超过1秒钟,而瑞典人则要长久地看着对方的眼睛才不失礼。与陌生人谈话的眼神礼仪除受文化影响外,还受性格、性别、综合背景条件的影响。

2. 注意眼神的光泽度

在注视他人时,应保持自身精神状态饱满,神采奕奕的眼光不仅仅能表现服务人员对工作的热情程度,还能给客人带来良好的印象。

3. 注意眼神的交流度

适度的眼神交流,能表达服务人员对客人的尊敬,例如,眼睛转动的幅度,不要太快或太慢,眼睛转动稍快表示聪明、有活力,但如果太快则表示不诚实、不成熟,给人轻浮、不庄重的印象。但是,眼睛也不能转得太慢,否则就是"死鱼眼睛"。眼睛转动的范围也要适度,范围过大给人以白眼多的感觉;过小则显得木讷。

在服务时应该迎着客人的目光进行交流,正确地传递服务信息。

4. 注意眼神的热情度

被对方注视的时候,应坦诚、自然、大方地回应对方,适度的热情会使他人感到亲切、温暖。

四、微笑与服务

微笑是一种语言,是交际活动中最富有吸引力、最有价值的面部表情。也是服务人员最常规、常用的表情。

(一)微笑的作用

1. 使气氛融洽

微笑表现着自己友善、谦恭、渴望友谊的美好的感情,是向他人发射出的理解、宽容、信任的信号。是一种有效的"交际世界语"。除了在极少数的悲伤或肃穆的场合外,在其他任何场合微笑都是交际时的一种适宜的表情。与人初次见面,面露微笑,就好像具有一种磁力,使人顿生好感;服务人员自然地面露微笑,则会给人一种宾至如归的感觉。

2. 消除误解和隔阂

服务过程中,难免会由于出现一些小的失误与误会,在这种时刻,若双方针锋相对,会使矛盾升级。此时,服务人员报以诚恳的态度与真诚的微笑,化解尴尬的局面,使双方关系不那么紧张。

(二)微笑的含义

1. 心态良好

微笑体现出一个人平和、善良、健康的心态。一个不吝啬笑容的人,会获得更多别人的尊重与欣赏。微笑胜过一切肢体语言和文字,它就像颗种子,播种就能收获美丽。因此,微笑把人的生活点缀得精彩和丰富。

2. 态度真诚

在与别人相处发生矛盾时,笑容可以化解尴尬局面,缓冲困惑。与朋友离别时,送上一份笑容,蕴含了言之不尽的美好祝福和无限牵挂。与刚结识的朋友微微一笑,可以放松气氛,增加信任。因此,笑容给双方的沟通建立了一座心灵之桥,是一种真诚态度的体现。

3. 表达自信

笑容是推销自我的一种高级途径,是保护自我、完善人格的一种良好武器。拥有靓丽的笑容,既能很好地推销自己,给人以良好的第一印象,同时又是一种自信的表现。

4. 尊重他人

微笑是对他人友好、尊重的体现,服务行业人员的笑容,可以赢得顾客的信赖,也是爱岗敬业的一种表现。

上级对下级的笑容、长辈对晚辈的笑容,可以起到拉近距离的作用,增加亲密感,赢得威信和信任。

长辈对孩子的笑容,可以缩小心灵之间的距离,是给予鼓励和信心的良好表达方式。

朋友之间,真诚的微笑是一种交换内心的情感的表达。

(三)微笑的要求

微笑的作用虽然很大,但不能滥用,必须注意礼仪要求。

1. 微笑要真诚

微笑要做到真诚,即是发自内心的。而虚伪的假笑、牵强的冷笑则会令人感到别扭和反感。

微笑要与神、情统一,发自内心,情真意切。不能为笑而笑、没笑装笑或皮笑肉不笑。真诚是自然的前提。微笑既是自己快乐的外露,也是真情的表达。

2. 微笑应甜美

微笑要做到甜美。这种表情由嘴巴、眼神及眉毛等方面来协调完成。服务过程中不可假笑、媚笑、傻笑、怪笑、冷笑,给对方带来视觉、听觉或感觉上的不适。

3. 微笑要自然

微笑要自然。做到口到、眼到、神到。自然的微笑给人舒适的感觉。

4. 微笑要注意尺度

微笑要注意尺度,即热情有度。适度的笑容是交往中的通行证,但不适时、不适度的微笑则让人反感。例如,在服务中突然哈哈大笑,表情过于夸张,让他人感到不自然,而且会令人感到莫名其妙;而不拘言笑则是人际交往中的一大禁忌,给人傲慢、冷漠的感觉。

服务人员在工作中常用的微笑有一度微笑、二度微笑、三度微笑。

1)一度微笑

一度微笑时,只动嘴角肌,微笑的程度浅,常与点头配合使用。

2)二度微笑

二度微笑时,嘴角肌、颧骨肌同时运动,幅度略大。

3)三度微笑

三度微笑时,嘴角肌、颧骨肌、括纹肌同时运动。

5. 要注意微笑的种类

微笑有种类的区分,与客人初次见面,要送去温和的微笑;与客人交谈时,要给予平和的微笑;说服对方时,要做出耐心的微笑;不慎伤害了对方,则必须报以歉意的微笑;当别人帮助自己时,要报以感激的微笑,不同环境应灵活地运用各种微笑。

6. 要注意微笑的场合

微笑是不讲条件的,但也并不是处处可用、时时可用。比如,当出席一个庄严的场合时,或者参加追悼会时,或是讨论重大政治问题时,就不宜微笑。如果你正同对方谈论一个严肃的话题,或要告知对方一个不幸的消息,或你的言谈举止可能会惹恼对方时,也应该及时收起微笑,否则适得其反,不但达不到微笑的目的,还会令人反感。

7. 微笑应与体态配合

微笑加上得体的体态语,这样会更自然、大方、得体。例如,各种服务手势语或鞠躬礼。

8. 微笑与语言结合

微笑要和语言结合,做到声情并茂、相得益彰。

(四)微笑的训练

微笑是可以训练养成的。例如,在亚运会等重大赛事上,一个合格的颁奖礼仪小姐,需要经过长达几个月的专业培训,才能自如地面对运动员、媒体及现场的观众。

人们微笑时,首先表现在口角的两端要平均地向上翘起,但笑的关键在于善于用眼睛来笑。如果一个人只是嘴上翘时,眼睛仍是冷冰冰的,就会给人虚假、冷漠的感觉。只有整个面部五官都调动起来,才能露出真正永远迷人的笑容,在练习微笑时,有以下几种方法。

1. 口眼练习法

面对镜子,用双手遮住眼睛下边部位,心里想令人开心的事情,使笑肌抬升收缩,嘴两端做出微笑的口型。这时,双眼就会十分自然地呈现出微笑的表情了。随后放松面部肌肉,眼睛也随之恢复原形,但这时的目光中仍然会反射出含笑的神采来。

2. 唇形练习法

唇形的联系方法通常有以下两种。

(1)放松嘴唇周围的肌肉可以练习笑容。通过数"1"、"7"、"茄子"等简单的词语来练习口型。

(2)用上下门牙咬住一根筷子,唇角上扬。持续10秒,反复5次后,拔出筷子,练习维持以上状态。

五、面部表情的运用

在服务人员的工作期间,常见到以下几种场景,此时,应注意面部表情的运用。

1. 迎接客人时

欢迎客人时,应报以热情的微笑,让客人有宾至如归的感觉。

2. 欢送客人时

在欢送客人时,服务人员应表现出真诚的面部表情,使客人对整个服务记忆犹新。

3. 提供服务时

在为客人提供服务时,面部表情和善、友好,使客人增加信任度。

4. 倾听客人说话时服务人员表情

倾听客人交谈时,应保持微笑,目光专注,微微点头,表示正在留意客人的讲话。

5. 当客人投诉时服务人员面部表情

在听取客人投诉时,应表现虚心、谦恭、不温不火的表情,根据顾客讲述的不同情节来流露表情,切忌流露不耐烦、无可奈何、疲倦的表情。

6. 客人走到面前时服务人员面部表情

在面客服务时,应保持微笑服务,态度和蔼,目光与顾客目光保持适度的接触。

第二节　服务人员的站姿

在服务人员的日常工作中,站立姿势是最常用的一种服务姿态,站姿是否正确、优雅,不仅可以体现一个人的精神面貌、气质风度,也是衡量服务质量的其中一个重要标准。

一、女性服务人员的站姿

女性服务人员的站姿,应该体现女性柔美、端庄的气质特征。

(一)女性服务人员站姿的要求

女性服务人员的站姿,要求整个身姿挺拔、直立,精神状态佳,表情自然,双目有神,笑容甜美。具体要求如下。

(1) 双脚呈正步、小八字或丁字式站立。

(2) 双腿并拢,两腿之间不可有缝隙。

(3) 双手于体侧或体前摆放。

(二) 女性服务人员的常见站姿中双手双臂的常见姿态

1. 双手侧放式站姿(图5-1)

1) 具体要求

两手手指自然并拢且弯曲,双臂自然垂于双腿两侧。

图5-1 女性服务人员双手侧放式站姿

2) 注意事项

(1) 双手侧放式站姿中,两臂不可随意晃动,使人显得不稳重。

(2) 双手手指不可抓、抠裤或裙边,给人紧张、小气之感。

2. 单手侧放式站姿(图5-2)

图5-2 女性服务人员单手侧放式站姿

1) 具体要求

一只手臂自然下垂于体侧,手指自然并拢弯曲,另一只手臂大、小臂自然弯曲,手心贴向腹部,拇指放于肚脐位置,其余四指并齐贴于腹部,肘关节与腰线持平。

2)注意事项

(1)垂于体侧的手指不可抓、抠裤或裙边;手臂不可来回晃动。

(2)置于体前的手臂的肘关节应与腰线持平,不可过于向前或向后放置,显得扭捏造作;手指自然并拢弯曲,放置小腹前时,不可来回移动或手指用力下压或翘起,手腕不可突出,从手指尖至肘关节呈一直线,整个手臂、手部不可有明显的关节突出。

3. 前腹式站姿(见图5-3)

1)具体要求

右手在上、左手在下,双手手指部分重叠,于小腹前摆放。两大拇指收回掌心里,使左手的拇指压在右手的拇指之上,其余手指自然并拢、弯曲。

图5-3 女性服务人员前腹式站姿

2)注意事项

(1)双手的手腕不可向外突出,手指不要过于紧张,使指关节明显突出,缺乏柔美之感。

(2)双臂的肘关节与腰线持平,不可向后夹紧身体,使人显得紧张,也不可向前,会导致含胸、驼背,并显得造作。

4. 前搭式站姿(图5-4)

1)具体要求

前搭式站姿的手臂摆放姿势是在前腹式站姿的基础上变化而来的,可用于非特别正式的场合时使用。站立时,右手置于左手之上,手指自然并拢,大拇指收回至掌心,双臂双手摆放在略低于腹部的体前位置。双臂呈略微弯曲的姿态。

2)注意事项

(1)双臂不可放得过低,给人过于随意之感。

(2)双手手指不可来回移动,给人浮躁之感。

图 5-4　女性服务人员前搭式站姿

（三）女性服务人员的常见站姿双腿双脚的常见姿态

在以上双手双臂的几种摆放姿态上,双腿双脚也可呈现几种摆放姿势,并且可交叉使用,具体情况如下。

1. 正步

1）具体要求

双脚脚跟紧靠,双脚脚尖并拢。双腿的内侧肌肉夹紧且上提,膝关节上提。

2）注意事项

正步站立时,对于腿型不直的人,应先矫正腿型,否则会使小腿或两腿膝盖之间的缝隙过于明显。

2. V 字步

1）具体要求

双脚脚跟紧靠,双脚脚尖同时向外打开,使两脚尖之间呈约 30°角。

2）注意事项

双脚的脚尖向外打开时,角度不可过大,否则给人不庄重之感。

3. 丁字步

1）具体要求

左脚在前,右脚在后,两脚尖同时向外打开呈"丁字"站立。

2）注意事项

（1）打开的两脚尖之间的角度不可大于 60°,使整个姿态显得不够端庄,也不可小于 30°,显得人不自然。

（2）两脚脚尖分别向左、右打开的角度应一致,使整个腿部朝向正前方(客人)。不可一只脚脚尖打开幅度大,一只脚脚尖打开的幅度小,使身体侧向客人,给人不尊重他人之感。

（四）女性服务人员站姿礼仪

1. 身体其他部位的姿态

在站姿中,除了手、臂、脚、腿有相对严格、固定的姿态要求以外,身体的其他部位也应该做相应的配合,才能使站姿更加优雅。

（1）站姿中后背要保持直立、挺拔。
（2）胸部自然放平。
（3）髋关节要始终正对客人。
（4）两肩放平。
（5）脖颈部位向上伸长。
（6）平视前方，不可过于收下巴，给人扭捏之感；也不能将下巴抬得太高，有傲慢之势。
（7）面部表情自然、大方、亲和。

2．常见的不良站姿
（1）双脚随意摆放，双腿肌肉松弛、小腿或两膝之间分开站立或站立时腿部晃动、抖腿、走动或出现内、外八字。
（2）头部晃动、左顾右盼，双手或单手叉腰。
（3）站立时手部随意摆放或抓耳挠腮。
（4）站立时，无精打采，打哈欠。
（5）后背松弛、驼背、含胸。
（6）过于挺胸、塌腰、翘臀等。
（7）过于低头或仰头。
（8）站姿随意，双腿来回抖动。
（9）双手环抱于胸前。
（10）身体某部位靠在墙上、桌边等物体上。
（11）两脚或两腿交叉摆放。
（12）目光斜视、仰视或俯视，眯眼或不停地眨眼。
（13）表情怪异、夸张，笑容不自然。

3．站姿中的礼仪
女性服务人员站立服务时，在不同的场合应注意调整姿势使其适合所处的环境。
（1）为了能随时为他人提供帮助，服务人员在站立的时候，应在标准站姿的基础上，将身体的重心略向前移，不可使重心后靠。
（2）当服务人员迎送客人时，应站在接待处的门口，并与门呈45°角，面向客人来的方向。
（3）微笑是体现一个人亲和力的重要因素，即使站姿再标准，没有好的笑容，也无法体现出优质的服务，所以，服务人员在站立时应时刻保持微笑，给人以温暖、亲和之感。
（4）站姿是一种静态的姿势，在服务时应合理的、视情况而定与服务手势、走姿等姿态巧妙地结合起来，使服务更加体贴、恰到好处。

二、男性服务人员的站姿
男性服务人员的站姿，应该体现男性的阳刚之气，给人以稳重、安全、正义的感觉。

（一）男性服务人员站姿的要求

男性服务人员的站姿，要求整个身姿挺拔、直立，精神状态佳，表情自然，双目有神，笑容自然。具体要求如下。

（1）双脚呈正步、八字步或跨立姿势站立。

（2）双腿并拢，或两腿分开小于肩宽。

（3）双手于体侧或体前、体后摆放。

（二）男性服务人员的常见站姿中双手双臂的常见姿态

1. 双手侧放式站姿（5-5）

1）具体要求

两手手指自然并拢且伸直，双臂自然垂于双腿两侧。

图 5-5 男性服务人员双手侧放式站姿

2）注意事项

（1）双手侧放式站姿中，两臂不可随意晃动，使人显得不稳重。

（2）双手手指不可抓、抠裤边，给人紧张、小气之感。

2. 单手侧放式站姿（图 5-6）

1）具体要求

一只手臂自然下垂于体侧，手指自然并拢且伸直，另一只手臂大、小臂自然弯曲，手背贴向腰部以下约尾椎骨的部位，手指自然弯曲、握拳。

2）注意事项

（1）垂于体侧的手指不可抓、抠裤边；手臂不可来回晃动。

（2）置于体后的手臂的肘关节应与腰线持平，不可过于向前或向后放置，显得扭捏造作。

图 5-6　男性服务人员单手侧放式站姿

3. 前搭式站姿

1）具体要求

前搭式指站立时，手指自然并拢，双臂至于身体前方，两手重叠摆放，其中一只手的虎口张开抓住另外一只手，另一只手手指自然弯曲。

2）注意事项

（1）双臂不可放得过低，给人过于随意之感。

（2）双手手指不可来回移动，给人浮躁之感。

4. 后背式站姿（图 5-7）

图 5-7　男性服务人员后背式站姿

1）具体要求

后背式指双臂置于身体后侧,左手握住右手,右手手指自然弯曲、握拳,放于背后尾骨上方的位置。

2）注意事项

双臂不可放置太高的位置,既不自然还有傲慢之感。

(三)男性服务人员的常见站姿中双腿双脚的常见姿态

在以上双手双臂的几种摆放姿态上,双腿双脚也可呈现几种摆放姿势,并且可交叉使用,具体情况如下。

1. 正步

1）具体要求

双脚脚跟紧靠,双脚脚尖自然并拢。

2）注意事项

正步站立时,对于男性服务人员而言,不要刻意夹紧腿部的内侧肌肉,只要给人挺拔、直立即可,否则过于女性化,给人阴柔之感。

2. 小八字步

1）具体要求

双脚脚跟紧靠,双脚脚尖同时向外打开,使两脚尖之间呈约60°角。

2）注意事项

双脚的脚尖向外打开时,角度不可过小,否则给人不大方之感。

3. 跨立步

1）具体要求

跨立步即脚尖呈小八字,双脚脚跟分开与两肩垂直平行或略小于肩宽。

2）注意事项

跨立时,两腿分开的距离不宜过大,除了不美观以外,这种姿势不能及时、快速地变化其他服务姿态。

(四)男性服务人员站姿礼仪

1. 身体其他部位的姿态

在站姿中,除了手、臂、脚、腿有相对严格、固定的姿态要求以外,身体的其他部位也应该做相应的配合,才能使站姿更加优雅。

(1) 站姿中后背要保持直立、挺拔。

(2) 胸部自然放平。

(3) 髋关节要始终正对客人。

(4) 两肩放平。

(5) 脖颈部位向上伸长。

（6）平视前方，不可过于收下巴，仰视他人，给人扭捏之感；也不能将下巴抬得太高，俯视他人，有傲慢之势。

（7）面部表情自然、大方、亲和。

2. 常见的不良站姿（图 5-8）

图 5-8　部分常见不良站姿

（1）双脚随意摆放、走动。

（2）双手随意摆放或抓耳挠腮。

（3）站立时腿部晃动、抖腿。

（4）髋关节来回转动，不可侧对或背对他人。

（5）后背松弛、驼背。

（6）耸肩或高低肩。

（7）含胸或过于挺胸。

（8）脖子向前伸出。

（9）下巴抬得太高。

（10）过于低头或仰头。

（11）头部晃动、左顾右盼。

（12）目光斜视、仰视或俯视，眯眼或不停地眨眼。

（13）表情怪异、夸张，笑容不自然。

3．站姿中的礼仪

男性服务人员站立服务时，在不同的场合应注意调整姿势使其适合所处的环境。

（1）为了能随时为他人提供帮助，服务人员在站立的时候，应在标准站姿的基础上，将身体的重心略向前移，不可使重心后靠。

（2）当服务人员迎送客人时，应站在接待处的门口，并与门呈45°角，面向客人来的方向。

（3）微笑是体现一个人亲和力的重要因素，即使站姿再标准，没有好的笑容，也无法体现出优质的服务，所以，服务人员在站立时应时刻保持微笑，给人以温暖、亲和之感。

（4）站姿是一种静态的姿势，在服务时应合理的、视情况而定与服务手势、走姿等姿态巧妙地结合起来，使服务更加体贴、恰到好处。

（5）以上介绍的站姿中，后背式站姿给人威慑、严肃的感觉，所以应该适时使用，例如，当需要阻止他人的不当行为时，保安人员或武警人员等，通常使用后背式站姿。询问他人是否需要帮助时不建议使用后背式站姿。

第三节 服务人员的坐姿

坐姿是一种可以维持工作的姿态，也是一种主要的休息姿势，使更是在社交、服务中常用的一种身体语言，坐姿体现着个人修养的同时，还是一种服务标准的体现。

一、女性服务人员坐姿

女性服务人员的坐姿应体现女性端庄、优雅的感觉。

(一) 女性服务人员坐姿的基本要求

1. 上肢的要求

上肢要端正、挺拔。双手双臂放在正确的位置上。

2. 下肢的要求

双腿双脚位置摆放正确,突出女性的优雅。

3. 头面部的要求

头部抬直,面向前方或客人,双目平视,下颌内收,表情自然轻松,面带微笑。与人交谈时,可适当有一些手部动作或头部的动作,如点头、转头或低头记录、抬头回答问题等。

(二) 坐姿中双手双臂的摆放姿势

(1) 将双手上、下重叠放置在一条大腿之上。

(2) 将双手上、下重叠放置在两腿之间。

(3) 一直手放在座椅的扶手上,另一只手放在同侧的大腿上。

(4) 两手上、下重叠,将双手及2/3的小臂放在面前的桌子上。

(5) 两手上、下重叠,将双手放在桌沿上,小臂自然下垂。

(6) 双手拿文件夹,并放在大腿或面前的桌子上。

(三) 坐姿中双腿双脚的摆放姿势

1. 女性服务人员标准式坐姿(图5-9)

标准式坐姿即双腿垂直式坐姿,最适用于正规的场合。

图5-9 女性服务人员标准式坐姿

1) 具体要求

(1) 后背与座椅呈直角。

（2）上身与大腿面呈直角。

（3）大腿与小腿呈直角。

（4）小腿垂直于地面。

（5）双膝、双脚要完全并拢。

（6）双脚脚尖朝前。

2）注意事项

标准式坐姿的姿态要求严格，在坐时不要使表情过于严肃，否则给人死板、肢体僵硬的感觉。

2. 前伸式坐姿（图5-10）

前伸式坐姿是在标准式坐姿基础上的变化姿态，与标准式坐姿相比，略显轻松。

图5-10 女性服务人员前伸式坐姿

1）具体要求

（1）后背与座椅呈直角。

（2）上身与大腿面呈直角。

（3）大腿与小腿呈约120°角。

（4）双膝、双脚要完全并拢。

（5）双脚脚尖朝前。

2）注意事项

前伸式坐姿时，双脚不可过于向前伸出，容易给人懒散的感觉。

3. 后曲式坐姿（图5-11）

后曲式坐姿是标准式坐姿的另一种表现形式，后曲式坐姿的上身略向前倾，有倾听的感觉,使人显得谦虚。

图5-11 女性服务人员后曲式坐姿

1)具体要求

(1)后背与座椅呈直角。

(2)上身与大腿面呈直角。

(3)大腿与小腿呈约小于90°角。

(4)双膝、双脚要完全并拢。

(5)双脚脚尖朝前。

2)注意事项

后曲式坐姿时,大腿与小腿之间的角度不可过小,一般不小于60°,否则显得人过于拘谨。

4. 侧放式坐姿(图5-12)

侧放式也叫侧点式,此种坐姿适于穿裙子的女士在较低处就座所用。

1)具体要求

(1)后背与座椅呈直角。

(2)上身与大腿面呈直角。

(3)双膝要并拢。

(4)大腿与小腿之间呈90°角同时向左或向右侧斜放。

(5)双脚脚尖朝前或略向左右倾斜。

89

图 5-12　女性服务人员侧放式站姿

（6）倾斜后两腿依旧并在一起，双脚向左或右侧平行移动，两脚踝内侧并在一起，脚尖点地。

2）注意事项

侧方式坐姿时，双腿的倾斜角度不宜过大。

5. 交叉式坐姿（图 5-13）

交叉式坐姿适应于各种场合。

图 5-13　女性服务人员交叉式坐姿

1）具体要求

（1）后背与座椅呈直角。

（2）上身与大腿面呈直角。

(3) 双膝要并拢。

(4) 双脚脚尖朝前,两小腿部分交叉摆放。

2) 注意事项

交叉后的双脚可以微微内收,也可以斜放,但不宜向前方远远地直伸出去。

6. 曲直式坐姿(图 5 – 14)

图 5 – 14　女性服务人员曲直式坐姿

1) 具体要求

(1) 后背与座椅呈直角。

(2) 上身与大腿面呈直角。

(3) 双膝并拢。

(4) 一只腿的大腿与小腿呈 90°角。

(5) 另一只腿的小腿向后收,使大腿与小腿呈 60°角。

(6) 双脚脚尖朝前。

2) 注意事项

两只腿分开后应尽量在同一水平面上,从正面看,两小腿之间不可有大的缝隙。

7. 侧挂式坐姿(图 5 – 15)

1) 具体要求

(1) 后背与座椅呈直角。

(2) 双腿上、下叠放并使小腿部分向左或右侧平行延伸。

(3) 在上面的一只脚的脚尖收回至在下的一只脚的小腿后方。

(4) 双脚脚尖朝前或略向前摆放。

2) 注意事项

上面一只脚的脚尖要绷直内收,不可直接冲人。

图 5-15　女性服务人员侧挂式坐姿

8. 叠放式坐姿(图 5-16)

图5-16　女性服务人员叠放式坐姿

1) 具体要求

(1) 后背与座椅呈直角。

(2) 双腿上、下叠放并使小腿与地面垂直。

2) 注意事项

上面一只脚的脚尖要向下压,不可直接冲人。

(四)坐姿礼仪

无论哪一种坐姿,都应遵循一定的礼仪规范与要求进行,具体要求如下。

1. 入座

1)入座姿势

(1)从左侧入座。入座时,从座椅的左侧入座。这样较方便动作,也是一种礼貌。

(2)得体做法。入座时,得体的做法是:先从座椅的左侧侧身走近座椅,背对座椅站立,右腿后退一点,以小腿确认一下座椅的位置,同时用双手将衣角、裙边整理,避免随意坐下时裙边翘起或衣服褶皱等尴尬现象发生,然后随势坐下。必要时,可以手扶坐椅的把手。

2)入座礼仪

(1)坐姿要根据实际场合的需要选择适合的姿态。

(2)入座时,一定要坐在椅、凳等常规的位置上,即座椅的前2/3。

(3)出于礼貌,不与他人抢座,可与对方一起入座或待对方入座后再入座。

(4)在入座时,若附近坐着熟人,应主动跟对方打招呼。若身边的人不认识,应向其先点点头,以示友好。

(5)在公共场合,要想坐在别人身旁,须先征得对方同意,确认座椅无人使用时方可坐下。

(6)入座时,要减慢速度,注意动作要轻盈,尽量不要发生噪声干扰他人。

2. 就座

入座后,要注意自己的言行、姿态等各方面的礼仪。

(1)坐稳后,调整身体的位置,使身体处于最佳状态上,并避免一些不当行为出现。

(2)女士入座时要注意避免"走光",可用双手或手中物品适当遮掩后坐下。

(3)就座时,躯干要挺直,胸部要挺起,腹部要内收,腰部与背部一定要直立。

(4)一般在工作状态时,入座后只坐座椅的前2/3,且不可倚靠座椅靠背或座椅扶手,但处于休息状态时可适当地调整姿态,或后背轻轻靠在座椅靠背上。

(5)与他人交谈时,为表示对他人的尊重与重视,应面向对方,可以同时将整个上身朝向对方或身体略向前倾,主动倾听他人讲话,但一定要注意,侧身而坐时,躯干不要歪扭倾斜。

3. 离座

在离座时,基本礼仪要求如下。

1)离座姿态

(1)从左侧离座。同入座相同,离座时应从座椅的左侧离开。

(2)得体做法。先调整好姿态,将身体坐直,然后右脚向后移动半步,上身略向前倾,同时双手顺势整理衣服,之后重心于两腿之间,使身体站立起来。

2)离座礼仪先有表示

(1)离开座椅时,身旁如有人在座,须以语言或动作向其先示意,随后方可站起身来离开座椅。

(2)与他人同时离座,须注意起身的先后次序。地位低于对方时,应稍后离座,地位高于对方时,则应首先离座;双方身份相似时,可同时起身离座。

(3)起身离开座位时,动作要轻缓,避免有响声影响他人或者将物品掉落在地上。

(4)离开坐椅站定之后,方可离去。

(五)女性服务人员常见不雅坐姿(图5-17)

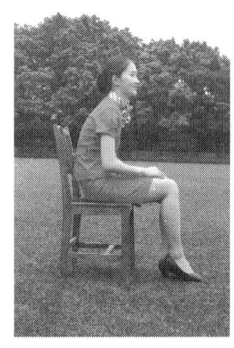

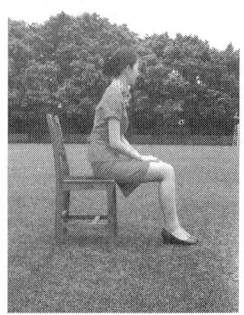

图5-17 女性服务人员常见不雅坐姿

女士的不雅坐姿不仅影响个人的形象,还会对工作产生一定的影响,使客人对自己的服务评价大打折扣。所以女士应避免以下不雅的姿态出现。

1. 入座不当

(1) 入座时,动作随意或发生声响影响他人。

(2) 入座时不整理裙裾,露出裙边。

(3) 与他人抢座。

2. 坐姿不雅

(1) 就座后东倒西歪或瘫坐在座椅上。

(2) 双腿抖动、两腿分开或左摇右摆。

(3) 过于紧张,坐立不安。

3. 行为不雅

(1) 对他人或周边事物指手画脚。

(2) 用指尖、笔尖或脚尖指向他人。

(3) 左顾右盼,心神不宁。

(4) 与他人交谈时,咀嚼食物。

(5) 讲话粗俗,与工作无关。

(6) 不停地摆弄手中的物品,如戒指、饰品或拨弄头发。

(7) 两手夹在两腿之间或放在臀部以下。

4. 离座姿态不雅

(1) 离座时不分场合,不分先后。

(2) 随意搬动座椅,发出较大响声。

(3) 动作过大,使周围物品或手中物品掉落。

(4) 与他人抢先离座。

二、男性服务人员坐姿

男性服务人员的坐姿应体现男性阳刚、沉稳、风度翩翩的感觉。

(一) 男性服务人员坐姿的基本要求

1. 上肢的要求

上肢要端正、挺拔。双手双臂放在正确的位置上。

2. 下肢的要求

双腿双脚位置摆放正确,突出男性的沉稳。

3. 头面部的要求

头部抬直,面向前方或客人,双目平视,下颌微收,表情自然轻松,面带微笑。与人交谈时,可适当有一些手部动作或头部的动作,如点头、转头或低头记录、抬头回答问题等。

(二)坐姿中双手双臂的摆放姿势

(1)将双手放置在同侧的大腿之上。

(2)将双手放在座椅两侧的扶手上。

(3)一直手放在座椅的扶手上,另一只手放在同侧的大腿上。

(4)一直手臂的小臂部分放在同侧座椅的扶手上,另一只手的肘关节部位放在同侧的座椅扶手上,小臂及手部向身体方向收回。

(5)两手上、下重叠,将双手及小臂的一半部位放在桌沿上,两手自然相握。

(6)双手拿文件夹,并放在大腿或面前的桌子上。

(三)坐姿中双腿双脚的摆放姿势

1. 男士标准式坐姿

标准式坐姿即双腿垂直式坐姿,最适用于正规的场合(图5-18)。

1)具体要求

(1)后背与座椅呈直角。

(2)上身与大腿面呈直角。

(3)大腿与小腿呈直角。

(4)小腿垂直于地面。

(5)双腿分开与肩同宽或略小于肩宽。

(6)双脚脚尖朝前。

2)注意事项

男士的标准坐姿时,不可将两腿分开距离太大,给人散漫的感觉;也不可将双膝或双腿并拢,缺乏阳刚之气。

2. 大腿叠放式坐姿

大腿叠放式坐姿是一种适合男性在非正式场合采用的一种较为优雅的坐姿。

1)具体要求是

(1)后背与座椅呈直角。

(2)上身与大腿面呈直角。

(3)两条腿在大腿部分叠放在一起。

(4)两腿叠放之后位于下方的一条腿的小腿垂直于地面,脚掌着地;位于上方的另一条腿的小腿则向内收,同时脚尖向下压。

2)注意事项

两腿叠放时,位于上方的一条腿不可来回晃动。

3. 曲直式坐姿

1)具体要求

(1)后背与座椅呈直角。

(2) 上身与大腿面呈直角。

(3) 一只腿的大腿与小腿呈90°角。

(4) 另一只腿的小腿向后收,使大腿与小腿呈60°角。

(5) 双脚脚尖朝前。

2) 注意事项

男士的曲直式坐姿,两膝盖毋须靠拢,以自然分开为宜。

4. 前伸式坐姿

前伸式的坐姿是在标准坐姿基础上的变化姿态,与标准式的坐姿相比,略显轻松。

1) 具体要求

(1) 后背与座椅呈直角。

(2) 上身与大腿面呈直角。

(3) 大腿与小腿呈约120°角。

(4) 双脚脚尖朝前。

2) 注意事项

前伸式坐姿时,双脚不可过于向前伸出,容易给人懒散、过于休闲的感觉。

(四) 坐姿礼仪

无论哪一种坐姿,都应遵循一定的礼仪规范与要求进行,具体要求如下。

1. 入座

1) 入座姿势

(1) 从左侧入座。

入座时,从座椅的左侧入座。这样较方便动作,也是一种礼貌。

(2) 得体做法。

入座时,得体的做法是:先从座椅的左侧侧身走近座椅,背对座椅站立,右腿后退一点,以小腿确认一下坐椅的位置,然后随势坐下。必要时,可以手扶坐椅的把手。

2) 入座礼仪

(1) 坐姿要根据实际场合的需要选择适合的姿态。

(2) 入座时,一定要坐在椅、凳等常规的位置上,不可坐在窗台、地板等不当之处。

(3) 出于礼貌,不与他人抢座,可与对方一起入座或待对方入座后再入座。

(4) 在入座时,若附近坐着熟人,应主动跟对方打招呼。若身边的人不认识,应向其先点头,以示礼貌、友好。

(5) 与女性相处,应先让女性入座。

(6) 在公共场合,要想坐在别人身旁,须先征得对方同意,确认座椅无人使用时方可坐下。

(7) 入座时,要减慢速度,注意动作要轻盈,尽量不要发生噪声干扰他人。

2. 就座

入座后,要注意自己的言行、姿态等各方面的礼仪。

(1) 坐稳后,调整身体的位置,使身体处于最佳状态,并避免一些不当行为出现。

(2) 就座时,躯干要挺直,胸部要挺起,腹部要内收,腰部与背部一定要直立。

(3) 一般在工作状态时,入座后只坐座椅的前2/3,且不可倚靠座椅靠背或座椅扶手,但处于休息状态时可适当的调整姿态,或后背轻轻靠在座椅靠背上。

(4) 与他人交谈时,为表示对他人的尊重与重视,应面向对方,可以同时应将整个上身朝向对方或身体略向前倾,主动倾听他人讲话,但一定要注意,侧身而坐时,躯干不要歪扭倾斜。

(5) 男士坐姿不可有扭捏造作的感觉,应突出男士的大方及绅士风度。

3. 离座

在离座时,基本礼仪要求如下。

1) 离座姿态

(1) 从左侧离座。

同入座相同,离座时应从座椅的左侧离开。

(2) 得体做法。

先调整好姿态,将身体坐直,然后右脚向后移动半步,上身略向前倾,同时双手顺势整理衣服,之后重心于两腿之间,使身体站立起来。

2) 离座礼仪先有表示

(1) 离开座椅时,身旁如有人在座,须以语言或动作向其先示意,随后方可站起身来离开座。

(2) 与他人同时离座,须注意起身的先后次序。地位低于对方时,应稍后离座,地位高于对方时,则应首先离座;双方身份相似时,可同时起身离座。

(3) 起身离座时,动作要轻缓,避免有响声影响他人或者将物品掉落在地上。

(4) 离开坐椅站定之后,方可离去。

(五) 男士常见不雅坐姿

男士的不雅坐姿不仅影响个人的形象,还会对工作产生一定的影响,使客人对自己的服务评价大打折扣。所以应避免以下不雅的姿态的出现。

1. 入座不当

(1) 入座时,动作随意或发生声响影响他人。

(2) 与他人抢座。

2. 坐姿不雅

（1）就坐后东倒西歪或瘫坐在座椅上。

（2）双腿抖动，两腿分开或左摇右摆。

（3）过于紧张，坐立不安。

（4）过意随意，如双脚随意摆放。

（5）与他人勾肩搭背。

3. 行为不雅

（1）对他人或周边事物指手画脚、评头论足。

（2）用指尖、笔尖或脚尖指向他人。

（3）左顾右盼，心神不宁。

（4）与他人交谈时，咀嚼食物。

（5）讲话粗俗，或大声讲话。

（6）将鞋子脱下，或抚摸脚部。

（7）抓挠头皮。

（8）双手抱头或放于胸前，给人傲慢、不尊重他人的感觉。

4. 离座姿态不雅

（1）离座时不分场合、不分先后。

（2）随意搬动座椅，发出较大响声。

（3）动作过大，使周围物品或手中物品掉落。

（4）无视他人，与他人抢先离座。

第四节　服务人员的走姿

走姿又称行姿，是指人行走时的姿态，是站姿的延续动作，所谓的"行如风"，就是指人在行走时，姿态轻盈、优雅、正确，无论是男性、女性，无论是生活场合还是社交场合，正确的走姿能够体现一个人的风度、气质、修养及素质，给人留下美好的印象。

一、女性服务人员的走姿

女性服务人员的走姿应体现轻盈自然、协调优雅、轻捷飘逸，把女性的阴柔之美体现得淋漓尽致。

（一）女性服务人员走姿的基本要求

1. 行走前的准备姿态

女性服务人员在行走前应以双手侧放式的站姿作为准备姿态：

两脚正步站立，双手手指自然弯曲，双臂放松伸直垂于体侧，收腹挺胸，两肩放平,腰部立直,双目平视前方,下颌微收,表情自然,面带微笑。

2. 行走的要求(图5-18)

图5-18 女性服务人员走姿

由于走姿是一种动态的体态语言,所以在完成时应将身体各个部位进行协调的配合,具体要求如下。

（1）行走前，上身略向前倾，将身体的重心略向前脚掌上移动。

（2）行走时，双臂自然摆动，以肩为轴向前、后摆动，向前的摆幅约30°，向后的摆幅约15°；髋关节向上提，同时屈膝，使大腿带动小腿向前迈出，使其先使后脚掌着地，重心向前移至迈出的这条腿上，再全脚掌着地，后面一只脚前脚掌着地。

（3）行走时，脚尖朝前。

（二）女性服务人员走姿的注意事项

1. 步态

女性服务人员在行走时，要体现步态轻盈、从容不迫的动态美。

2. 步位

步位，即行走时，脚落在地面上的具体位置。行走时，两脚落在地面以后，双脚的内侧应在一条直线上。

3. 步幅

步幅指行走时前脚跟与后脚尖之间的距离，一般控制在一脚的距离或略微大于一脚距离之内。

4. 步速

步速，指行走时的速度，女性服务人员在行走时要求速度平稳，不可忽快忽慢，保持匀速平衡。

（三）女性服务人员常见的不良走姿

在实际生活与工作中，由于受到环境、生活习惯等因素的影响，人们的走姿千姿百态，其中不乏一些不良的走姿，甚至错误的走姿，而由于走姿是最引人注目的一种体态语言，所以，练习并掌握正确的走姿是至关重要的，避免以下不良走姿的情况出现。

1. 走路速度过慢或过快

走路速度可以体现一个人的性格特征，过快的走姿给人匆匆忙忙、心神不宁、慌慌张张的感觉，使人显得不稳重；过慢的走姿使人显得拖拖拉拉、疲惫不堪，影响自身形象及他人的情绪。

2. 行走姿态不雅

行走时驼背、弯腰、挺腹、过于低头或仰头都属于不雅的姿态。

3. 行走时行为不雅

行走时大大咧咧、左右摇摆、左顾右盼、东摇西摆，或是边走边打电话、吃东西、与人大声讲话都是不雅行为的表现。

4. 步幅过大或过小

走路时，步幅过小显得拘谨，步幅过大使人显得不够秀气，缺乏女性的娇柔之美，所以，步幅的大小应取决于人的身高、所处的行走场合等因素。

二、男性服务人员的走姿

男性服务人员的走姿应体现协调稳健、风度翩翩的感觉，把男性的阳刚之气体现得淋漓尽致。

（一）男性服务人员走姿的基本要求

1）行走前的准备姿态

男性服务人员在行走前应以双手侧放式的站姿作为准备姿态：

两脚正步站立，双手手指自然弯曲，双臂放松伸直垂于体侧，收腹挺胸，两肩放平，腰部立直，双目平视前方，表情自然，面带微笑。

2）行走的要求

由于走姿是一种动态的体态语言，所以在完成时应将身体各个部位进行协调的配合，具体要求如下。

（1）行走前，上身略向前倾，将身体的重心略向前脚掌上移动。

（2）行走时，双臂自然摆动，以肩为轴向前、后摆动，向前的摆幅约35°，向后的摆幅约30°；髋关节向上提，同时屈膝，使大腿带动小腿向前迈出，使其先使后脚掌着地，重心向前移至迈出的这条腿上，再全脚掌着地，后面一只脚前脚掌着地。

（3）行走时，脚尖朝前。

（二）男性服务人员走姿的注意事项

1. 步态

男性服务人员在行走时，要体现步态平稳、从容不迫的动态美。

2. 步位

步位，即行走时，脚落在地面上的具体位置。行走时，两脚落在地面以后，双脚的内侧应在一条直线上。

3. 步幅

步幅指行走时前脚跟与后脚尖之间的距离，一般控制在略微大于一脚至一脚半的距离之内。

4. 步速

步速，指行走时的速度，女性服务人员在行走时要求速度平稳，不可忽快忽慢，保持匀速平衡。

（三）男性服务人员常见的不良走姿

男性服务人员有以下不良走姿的情况出现。

1. 走路速度过慢或过快

走路速度可以体现一个人的性格特征，过快的走姿给人匆匆忙忙、心神不宁、慌慌张张的感觉，使人显得不稳重；过慢的走姿使人显得拖拖拉拉、疲惫不堪，影响自身形象及他人的情绪。

2. 行走姿态不雅

行走时驼背、弯腰、挺腹、过于低头或仰头都属于不雅的姿态。

3. 行走时行为不雅

行走时左右摇摆、左顾右盼、东摇西摆，或是边走边打电话、吃东西、与人大声讲话、勾肩搭背、脚下发出噪杂的响声,或穿着拖鞋行走等都是不雅行为的表现。

4. 步幅过大或过小

走路时,男性应抬头挺胸、大步地向前走,步伐稳健,显出朝气,步幅过小使人显得拘谨,步幅过大使人显得不稳重成熟。

5. 毫无秩序

走路时不可与他人拥挤、抢占位置、不顾自身形象及公共秩序,应做到礼让他人、不慌不忙,给人气度不凡的印象。

三、服务人员的不同环境的走姿礼仪

服务人员在行走时,应考虑不同的场合注意走姿礼仪。

(一)单独行走

(1)在公共场合行走时,应注意行走的姿态要符合行走时的基本要求。

(2)当遇到他人需要帮助时,应主动帮助他人,之后再继续行走。

(3)与他人相遇,应点头示意或问好,再继续前行。

(4)服务人员在行走时与顾客面对面相遇,应暂时停下步子,侧身、点头、微笑,同时说:"您好/早上好/下午好/或晚上好",让顾客先行,目送客人,然后再恢复步伐。

(5)在行走时发现顾客挡住去路,以及需要以超过客人行走的速度行走时,应先说:"对不起",等顾客让开,然后快步过去,同时说:"谢谢"。

(二)陪同引导

(1)当双方并排行走时,一般情况下,陪同人员应走在客人的左侧。

(2)引导他人时,对方若对周围环境不熟悉,可走在客人外侧的前方,并时刻注意适时地与对方交流,将身体侧面对向客人,不可长时间将背面朝向客人。

(3)陪同他人行走时,应考虑到实际情况调整步速,使双方感到协调一致。

(4)当遇到台阶或拐角处时,应放慢脚步,提前提醒对方注意安全,必要时驻足等候,之后再继续行走。

(5)提醒对方行走时,应微微欠身,同时可以用手势或语言示意。

(三)上下楼梯

(1)服务人员应走指定的楼梯。

(2)上、下楼梯时,与他人相遇,应向对方点头示意或问好,需要时驻足等待对方通过后,自己再继续行走。

(3)遵循"左侧通行",即自己始终走在楼梯的右侧,将身体的左侧空间留给他人行走。

(4)当陪同他人上楼梯时,服务人员应走在客人的后方行走。

(5)当陪同他人下楼梯时,服务人员应走在客人的前方行走。

(6)当楼梯上的人较多,不可横冲直撞,要先让其他人通过。

(四)进出电梯

(1)乘坐服务人员专用电梯。

（2）当与他人一起乘坐电梯，遇到无人操控电梯时，应遵循"先进后出"的原则，这样可以方便操控电梯，更好地为他人服务。

（3）与他人一起乘坐电梯，当有专职人员负责操控电梯时，服务人员应"后进先出"，保证他人优先使用电梯。

（4）进入电梯后，不可在电梯里来回走动，应侧身靠一侧站立，缩小自己身体所占的空间。

（五）出入房门

（1）服务人员进出电梯时，应先征得对方同意，方可进入。进出房间时应注意走路轻盈、快速。

（2）与他人一起进出房间时，应"后进后出"。必要时主动为他人开门，之后站在门的一侧，待他人出入后，自己再出入房间。

（六）狭小空间内的行走

有些服务行业人员的工作环境特殊，空间相对狭小，例如，列车乘务员、空中乘务人员，这类人员在车厢、客舱走道行走时应避让他人，避免与他人碰撞。

（1）遵循"左侧通行"。

（2）行走过程中，如遇同事（工作人员），应互相点头示意，两人提前放慢脚步，并同时向右侧转身，背对背地错身行走，之后再将身体摆正继续前行。

（3）行走过程中，如遇旅客，应提前放慢脚步或驻足等候，同时向左侧转身90°，让出最大的空间给对方行走，并面对客人向对方欠身或点头，待客人走过之后，再将身体摆正继续前行。

第五节　服务人员的蹲姿

蹲姿是人在捡拾、整理物品时呈现的一种体态语言，蹲姿中结合了"动"与"静"的姿态美的基本元素，是一种优雅的姿势。

一、女性服务人员的蹲姿

（一）女性服务人员蹲姿的基本要求

1. 准备姿态

女性服务人员在完成蹲姿的动作时，如果不是情况紧急，应在双手侧放式站姿的姿态基础上做准备：

正步站立，双手手指自然弯曲，双臂放松垂直于身体两侧，收腹挺胸，两肩放平，腰部立直，双目平视前方，下颌微收，表情自然，面带微笑。

2. 蹲姿的要求

1）上肢

双手、双臂根据实际情况摆放到正确的位置上。

2）下肢

在站立的基础上,右脚向后退半步,两腿呈高低或交叉的形式支撑身体,一只脚的全脚掌着地,另一只脚的半脚掌着地。

3. 蹲姿使用的情景

（1）整理工作环境。

（2）给予客人帮助。

（3）提供必要服务。

（4）捡拾地面物品。

（5）自我整理装扮。

（二）女性服务人员的常见蹲姿

服务人员在服务的过程中,应根据不同场景的需求运用不同的下蹲方式,女性常见的蹲姿有以下几种。

1. 高低式蹲姿（图5-19）

图5-19　女性服务人员高低式蹲姿

高低式蹲姿是一种常用的下蹲的姿势。在双手侧放式站姿的基础上,将一只脚向后退半步,重心后移,迅速下蹲,蹲下时双脚一前一后,微微错开。前一只脚的全脚掌着地,后一只脚脚跟抬起,前脚掌着地。膝盖一高一低,两腿内侧紧靠,形成膝盖右高左低,或左高右低的姿态,臀部向下。

2. 交叉式蹲姿(图5-20)

交叉式蹲姿一般只适用于女性服务人员,在双手侧放式站姿的基础上下蹲,蹲下时双脚一前一后,左脚在前,全脚掌着地;右腿的膝盖贴着前面腿的膝盖窝并伸出去,同时脚跟抬起,前脚掌着地。两腿靠紧,臀部向下,两腿合力支撑身体,上身保持直立。

图5-20 女性服务人员交叉式蹲姿

(三)女性服务人员蹲姿时双手双臂的摆放

依据实际情况的变化,在高低式蹲姿与交叉式蹲姿的基础上,双手应有相应的、便于服务的变化。

(1)双手放在处于位置高的一条腿的大腿之上。

（2）着冬装制服或领口较紧的上衣时，一只手捡拾掉在身边的物品，另一只手放在大腿之上，捡物品时，上身可略向物品的方向倾斜，眼睛看物品方向。

（3）着夏装制服或领口较大的上衣时，一只手捡拾掉在身边的物品，另一只手轻轻地按压住上衣的胸口上方，避免走光。捡物品时，上身可略向物品的方向倾斜，眼睛看物品方向。

（4）当着较短的裙装时，一只手应适时地遮挡裙缝。

（四）女性常见的不雅蹲姿

女性蹲姿应呈现女性的优美典雅的特点，不良的蹲姿会给人粗俗的印象。在实际生活与工作中，女性服务人员应避免以下的不良姿态出现。

1. 随处下蹲

在公众场合，突然下蹲会给人措手不及的感觉，让人缺乏安全感。

在捡拾物品或整理掉在地上的物品时，应考虑周边人的感受，使用眼神、手势、表情或语言告知对方即将进行的行为，不仅使自己的动作显得优雅大方，也让别人更能接受。

2. 距离不当

当物品突然掉在地上时，与他人距离过近下蹲会给人有图谋不轨的错觉。所以，这种情况下，当周围有人时，可先告知他人要蹲下捡物品，待对方走开一段距离之后再去捡拾。

3. 姿态不雅

女士在下蹲时，蹲的动作过大、过快，或姿势不正确，都会出现一些如内衣外露、衬裙外露等尴尬的现象。所以，女性服务人员在下蹲之前，一定要注意避免走光。

4. 重心不稳

由于方位感不强造成蹲下后东倒西歪，物品不但没被捡起，原本优雅的姿态变的狼狈不堪。所以，女性服务人员在下蹲之前，一定要找准方位、重心平稳地向下蹲，避免不必要的意外发生。

（五）女性服务人员的蹲姿礼仪

1. 整齐裙裾

女性在下蹲之前，应先整理裙裾再下蹲，具体做法如下。

一只脚向后退的同时，双手的虎口张开，手心朝向身体，从腰部以下开始，从上到下轻轻捋顺裙裾，使上衣边缘或裙子不外翻或翘起，同时身体做下蹲的动作。

2. 适当遮掩

女性服务人员在下蹲时，除了要整理裙裾以外，还要防止其他部位的衣物或皮肤外露。例如，不可将内衣、胸部、腰部等外露，给人不雅观的感觉。

3. 姿态从容

无论多么紧急的事情,女性服务人员都不可急匆匆地蹲下,应注意稳稳地蹲下,稳稳地站起,从容地完成服务环节。

4. 姿态优雅

女性服务人员在下蹲时,即使周边无人,也不可直接弯腰、直腿去捡掉在地上的物品,仍然要轻盈、快速、美观地完成蹲姿的过程,掌握其动作要领。蹲下后,双腿要紧靠,不可左右分开。

5. 方位正确

一般情况下,下蹲时应侧面对他人,不可正面直接对人。

二、男性服务人员的蹲姿

(一) 男性服务人员蹲姿的基本要求

1. 准备姿态

男性服务人员在完成蹲姿的动作时,如果不是情况紧急,应在双手侧放式站姿的姿态基础上做准备。

跨立步站立,双手手指自然弯曲,双臂放松垂直于身体两侧,收腹挺胸,两肩放平,腰部立直,双目平视前方,下颌微收,表情自然。

2. 蹲姿的要求

1) 上肢

双手、双臂根据实际情况摆放到正确的位置上。

2) 下肢

在站立的基础上,右脚退后半步,两腿呈高低的形式支撑身体,一只脚的全脚掌着地,另一只脚的半脚掌着地。

3. 蹲姿使用的情景

(1) 整理工作环境。

(2) 给予客人帮助。

(3) 提供必要服务。

(4) 捡拾地面物品。

(5) 自我整理装扮。

(二) 男性服务人员的常见蹲姿(图5-21)

男性服务人员在服务的过程中,常用高低式蹲姿,具体要求如下。

高低式蹲姿是一种男、女均常用的下蹲的姿势。在跨立站立、双手侧放式站姿的基础上,将一只脚退后半步,重心后移,迅速下蹲,蹲下时双脚一前一后,微微错开。前一只脚的全脚着地,后一只脚脚跟抬起,前脚掌着地。膝盖一高一低,两腿分开,距离略小于肩宽,形成膝盖右高左低,或左高右低的姿态。

图 5-21　男性服务人员蹲姿

（三）男性服务人员蹲姿时双手双臂的摆放

依据实际情况的变化,在高低式蹲姿与交叉式蹲姿的基础上,双手应有相应的、便于服务的变化。

（1）双手分别放在两条腿的大腿之上。

（2）一只手捡拾掉在身边的物品,另一只手放在大腿之上,捡物品时,上身可略向物品的方向倾斜,眼睛看物品方向。

（四）男性服务人员常见的不雅蹲姿

男性服务人员蹲姿应呈现男性的绅士风度,不良的蹲姿会给人粗俗的印象。在实际生活与工作中,男性服务人员应避免以下的不良姿态出现。

1. 不顾他人感受,随处下蹲

在公众场合,突然下蹲会给人措手不及的感觉,让人缺乏安全感。

在捡拾物品或整理掉在地上的物品时,应考虑周边人的感受,使用眼神、手势、表情或语言告知对方即将进行的行为,不仅使自己的动作显得优雅大方,也让别人更能接受。

2. 距离不当

当物品突然掉在地上时,与他人距离过近下蹲会给人有图谋不轨的错觉。尤其是对于身边有异性来说,更应该注意。所以,这种情况下,当周围有人时,可先告知他人要蹲下捡物品,待对方走开一段距离之后再去捡拾。

3. 重心不稳

由于方位感不强造成蹲下后东倒西歪,物品不但没被捡起,原本优雅的姿态却变得狼狈不堪。所以,男性服务人员在下蹲之前,一定要找准方位,重心平稳地向下蹲,避免不必要的意外发生。

（五）男性服务人员的蹲姿礼仪

1. 姿态从容

无论多么紧急的事情，男性服务人员都不可急匆匆地蹲下，应注意稳稳地蹲下，稳稳地站起，从容地完成服务环节。

2. 姿态优雅

男性服务人员在下蹲时，即使周边无人，也不可直接弯腰、直腿去捡掉在地上的物品，仍然要轻盈、快速、美观地完成蹲姿的过程，掌握其动作要领。蹲下后，双腿要紧靠，不可左右分开。

3. 尊重他人

男性服务人员在下蹲时，应注意身边人的感受，例如，当捡拾物品时应避免近距离地接触他人，尤其是当有着裙装的异性在身边时，应尽量避开，以免发生误会。

4. 方位正确

一般情况下，下蹲时应侧面对他人，不可正面直接对人。

第六节　服务人员的鞠躬礼

鞠躬，即弯身行礼，是一种与他人打交道的常用的礼节，根据不同的交际场合，有表示请安、告别、感谢、道歉等含义。正确地行鞠躬礼是一种对他人尊重的行为。

一、常见的鞠躬礼

不同的场合应该行不同形式的鞠躬礼，不同的鞠躬礼代表不同的含义，常见的鞠躬礼有 15°、30°、45°、90°几种形式。

（一）15°鞠躬礼

15°鞠躬礼在服务行业常用于迎接客人时的礼仪，或初次见面问好时使用。

（二）30°鞠躬礼

30°鞠躬礼在服务行业常用于送别客人时的礼仪。

（三）45°鞠躬礼

45°鞠躬礼常用于表达对他人的感激之情或歉意。

（四）90°鞠躬礼

90°鞠躬在服务中较为少用，重大失误的道歉，哀悼，或隆重的晚会时演员对台下观众反响热烈时，回报以 90°或更大角度的鞠躬礼，表达感谢及被认可的喜悦心情。

二、女性服务人员的鞠躬礼

女性在与人交往中，要表现出文雅的气质与良好的修养，就必须注重礼貌和礼仪的要求。鞠躬礼是一种很好的表达方式。

（一）女性服务人员鞠躬的要求

1．准备姿态

女性服务人员在鞠躬前,双手前搭,正步站立,收腹立腰,双肩放平,下颌微收,目光平视,表情自然。

2．行礼要求

以髋关节为轴,上身前倾。鞠躬时,前倾速度适中,约 3 秒钟完成鞠躬的完整动作。

（1）15°鞠躬时,上身前倾 15°,视线由正前方落至自己的脚前 1.5 米处(图 5-22)。

图 5-22　女性服务人员 15°鞠躬

（2）30°鞠躬时,上身前倾 30°,视线由正前方落至自己的脚前 1 米处(图 5-23)。

图 5-23　女性服务人员 30°鞠躬

(3) 45°鞠躬时,上身前倾45°,视线由正前方落至自己的脚前0.5米处(图5-24)。

图5-24 女性服务人员45°鞠躬

(4) 90°鞠躬时,上身前倾90°,视线由正前方落至自己的脚尖处,使上身与腿呈90°的直角(图5-25)。

图5-25 女性服务人员90°鞠躬

(二)女性服务人员的鞠躬礼仪

1. 着裤装时

女士在着裤装时,鞠躬动作要求如下:双手相握,右手置于左手外,拇指交叉,握于掌内,双手置于腹部。因女士有时着裤装,双手可置于中腹行鞠躬礼。

2. 着裙装时

当女性服务人员着裙装行鞠躬礼时,因上衣较短,双手可置于上腹部。

3. 注意距离

在行鞠躬礼时,女性服务人员应主动与对方保持适度的距离行礼,一般为 2~3 步为宜。过近的距离给人过于亲近的感觉,还容易在行礼过程中两人头部相撞,造成尴尬局面;过远的距离使人际关系显得生疏,缺乏亲和力。

4. 态度虔诚

在行鞠躬礼时,态度要虔诚。鞠躬时不可戴帽子,既容易使帽子滑落使自己尴尬,也是对他人的一种不尊重的行为,所以,在行鞠躬礼之前应将帽子摘掉。

行鞠躬礼时,要先向对方问好,问好时眼睛看着对方,随后鞠躬。

5. 动作完整

1) 行礼

行礼时,应以髋关节为轴,整个上半身向下倾,头部与背部应尽量保持平直,眼睛随上身倾斜的角度向斜前方看,弯腰时不能抬头,眼睛不能向上看。

2) 礼毕

在完成行礼动作后,起身时,保持后背的平直,使头、颈、肩、背、腰等在一水平线上。礼毕,应再看向对方,以作结束。

6. 姿态优雅

鞠躬礼的完整动作一般在 3 秒钟完成,过快的行礼有不礼貌之感,过慢的行礼使人感到沉重,气氛紧张。

7. 鞠躬适度

鞠躬角度不是越低越好,尤其是女性,要根据实际情况适度调整鞠躬的角度。

(三)女性服务人员的不雅鞠躬姿态(图 5-26)

在社交礼仪中,女性服务人员要避免以下几种不雅的鞠躬姿态出现。

(1) 鞠躬时,下颌或脖子向前伸出。

(2) 鞠躬时,表情不自然、面部表情或过度热情。

(3) 鞠躬时左顾右盼、心不在焉。

(4) 鞠躬时,驼背、耸肩、弯腰。

(5) 鞠躬时,双腿随意站立或双手随意摆放。

(6) 边与他人聊天边行鞠躬礼。

（7）长时间地保持鞠躬姿态。

（8）鞠躬时咀嚼食物。

（9）带帽子行鞠躬礼。

（10）鞠躬的角度不符合场合的要求。

图 5-26　不雅鞠躬姿势

三、男性服务人员的鞠躬礼

男性的鞠躬应显得谦逊、诚恳，具体要求如下。

（一）男性服务人员鞠躬的要求

1. 准备姿态

男性服务人员在鞠躬前，手指自然弯曲，双手手臂自然垂直于身体两侧，正步站立收腹立腰,双肩放平,下颌微收,目光平视,表情自然。

2. 行礼要求

以髋关节为轴,上身前倾。鞠躬时,前倾速度适中,约3秒钟完成鞠躬的完整动作。

(1) 15°鞠躬时,上身前倾15°,视线由正前方落至自己的脚前1.8米处(图5-27)。

图5-27 男性服务人员15°鞠躬

(2) 30°鞠躬时,上身前倾30°,视线由正前方落至自己的脚前1.2米处(图5-28)。

图5-28 男性服务人员30°鞠躬

（3）45°鞠躬时，上身前倾45°，视线由正前方落至自己的脚前0.8米处(图5-29)。

（4）90°鞠躬时，上身前倾90°，视线由正前方落至自己的脚尖处，使上身与腿呈90°直角(图5-30)。

图5-29 男性服务人员45°鞠躬　　　　图5-30 男性服务人员90°鞠躬

（二）男性服务人员的鞠躬礼仪

1. 注意距离

在行鞠躬礼时，男性应主动与对方保持适度的距离行礼，一般为1~1.5米为宜。过近的距离给人过于亲近的感觉，尤其对方是异性时，有肆意靠近、不尊重他人的感觉，还容易在行礼过程中两人头部相撞，造成尴尬局面；过远的距离使人际关系显得生疏，缺乏亲切感。

2. 态度虔诚

在行鞠躬礼时，态度要虔诚。鞠躬时不可戴帽子，既容易使帽子滑落使自己尴尬，也是对他人的一种不尊重的行为，所以，在行鞠躬礼之前应将帽子摘掉。

行鞠躬礼时，要先向对方问好，问好时眼睛看着对方，随后鞠躬。

3. 动作完整

1）行礼

行礼时，应以髋关节为轴，整个上半身向下倾，头部与背部应尽量保持平直，眼睛随上身倾斜的角度向斜前方看，弯腰时不能抬头，眼睛不能向上看。

2）礼毕

在完成行礼动作后，起身时，保持后背的平直，使头、颈、肩、背、腰等在一水平线上。礼毕，应再看向对方，以作结束。

4. 姿态优雅

鞠躬礼的完整动作一般在3秒钟完成，过快的行礼有不礼貌之感，过慢的鞠躬礼使人感到沉重,气氛紧张。

5. 鞠躬适度

鞠躬角度不是越低越好,要根据实际情况的需求适度调整鞠躬的角度。

(三) 男士的不雅鞠躬姿态

在社交礼仪中,男性要避免以下几种不雅的鞠躬姿态出现。

(1) 鞠躬时,只低头或伸脖子,上身不做任何配合。

(2) 鞠躬时,表情麻木或过度热情。

(3) 目光长时间地停留在对方的面部或身体的某一部位。

(4) 鞠躬时左顾右盼、心不在焉。

(5) 鞠躬时,驼背、耸肩、弯腰。

(6) 鞠躬时,双腿随意站立或双手随意摆放。

(7) 边与他人聊天边行鞠躬礼。

(8) 长时间地保持鞠躬姿态。

(9) 鞠躬时咀嚼食物。

(10) 带帽子行鞠躬礼。

(11) 鞠躬的角度不符合场合的要求。

(12) 行鞠躬礼时,穿着随意,形象邋遢。

(13) 行礼后,行为诡异、左摇右摆等。

(14) 双手背后行鞠躬礼或双手环抱胸前行鞠躬礼。

第七节　服务人员的服务手势

在服务过程中,服务手势是言语交际中的另一种服务形式。服务手势是一种无声的语言,不同的服务手势传达不同的信息,用于不同的服务场合中,起到不同的效果,恰当的服务手势可以弥补语言服务中的不足。

一、常见的服务手势种类

手势语分为指示性手势、情意性手势、象形性手势、象征性手势四大类。

(一) 指示性手势

指示性手势是用于指明人、事、物、方向等,在服务行业中最常用。

(二) 情意性手势

情意性手势主要表达服务人员在使用服务语言时的感情,使客人能更准确地理解其说话的内容及表达的情感,极具感染力。例如,鼓掌表示欢迎、喝彩;握拳表示肯定、必胜等。

(三) 象形性手势

用来描摹、比划具体事物或人的形貌,使客人能更形象地理解所说的内容或表达的情感。例如,用双手模拟物品的形状、大小、长短等。

（四）象征性手势

象征手势用来表达抽象概念。比如"V"型手势表示胜利,翘拇指表示赞扬、肯定等。

由于手势的种类繁多,在本节中,主要讲述常用的服务手势。服务人员常见的服务手势有:指引手势、招手、递接物品。

二、服务手势的具体要求

（一）指引手势

指示性手势是用于指明人、事、物、方向等,告知他人"办公室在这边"、"这位是王总"、"请跟我来"、"请这边走"、"请上电梯"、"小心台阶"、"救生衣在您的座椅下方"等,是服务人员最常用的一种服务手势,适用于各种服务行业。

一般情况下,为表示对他人的尊重,单手指引时通常使用右手进行服务,个别特殊情况可使用左手。

1. 指引手势身体姿态的准备

（1）双脚并拢,两腿靠紧,髋关节摆正向前,臀部自然收紧上提,立腰收腹,双肩平直,表情自然。双手前腹式摆放。

（2）行走过程中的指引,先放慢脚步,身体侧向客人45°角,身体稍作停留,之后指引。

2. 常见的指引手势及动作要求

指引姿态有以下几种形式。

1）向身体右侧指引

（1）左手放在小腹前,右手向右侧指引。站立时指引,在前腹式站姿的基础上,左手保持不动,右手以肘关节为轴带动小臂、向外打开,指向右上、右侧或右下方。根据指示的方向不同调整右手的高度,大臂与身体的角度为15°~45°。大、小臂之间的角度为90°~120°（图5-31）。

图5-31　女性服务人员向右侧指引A

（2）左手垂于体侧，右手向右侧指引。在前腹式或双手侧放式站姿的基础上，或在行走的过程中，左手放置体侧，同时，右手以肘关节为轴带动小臂、向外打开，指向右上、右侧或右下方。根据指示的方向不同调整右手的高度大臂与身体的角度为15°~45°。大、小臂之间的角度为90°~120°（图5-32）。

图5-32　女性服务人员向右侧指引B

2）向身体左侧指引

（1）左手放在小腹前，右手向左侧指引。

站立时的指引，在前腹式站姿的基础上，左手保持不动，右手以手指带动小臂、大臂，指向左上、左侧或左下方。根据指示的方向不同调整右手的高度大臂与身体的角度为15°~30°。大、小臂之间的角度为120°（图5-33）。

图5-33　女性服务人员向左侧指引A

（2）左手垂于体侧，右手向左侧指引。

在前腹式或双手侧放式站姿的基础上，或在行走的过程中，左手保持不动，右手以手指带动小臂、大臂，指向左上、左侧或左下方。根据指示的方向不同调整右手的高度大臂与身体的角度为15°~30°。大、小臂之间的角度为120°（图5-34）。

图5-34　女性服务人员向左侧指引B

3. 使用指引手势时的注意事项

（1）左手放在小腹前时，手指要自然伸直，手指不可过度用力按压腹部。

（2）左手放在体侧时，手臂不可摆来摆去，手指自然弯曲，不可握拳或伸得过于僵直。

（3）右手指引时，手心应朝向斜上方，手指伸直、五指并拢。

（4）站立指引时，身体应与客人呈45°角。

（5）行走指引时，应在指引时放慢脚步，并变为侧行行走，先用眼神、语言告知对方，随后使用指引手势。

4. 指引手势的运用

在普通的服务中，指引手势较容易运用，但在电梯礼仪中要注意以下的几个方面。

1）与他人同乘一部电梯

（1）一起上电梯时，应请客人先进入电梯，同时用左手扶住电梯门（避免电梯因超时关闭夹到客人），用右手向电梯间指引、微笑，双眼注视客人并请客人："您先请"。

（2）进入电梯后，应礼貌询问客人所到楼层，并为客人按下楼层按钮，在电梯行驶期间，服务人员应侧立在电梯按钮的一边，不得背靠电梯间壁，不得盯住客人看。

2) 不同时上的电梯

(1) 客人已在电梯上:电梯门开,正有客人在电梯上,如果客人太多,不可挤入电梯,用指引手势和语言请客人先行"请先上,请先上",等待下一部电梯。如果电梯间人少,应先在电梯外作15°鞠躬说:"××好,抱歉",然后迅速并轻巧地上电梯,避免脚步过重,引起电梯晃动。

(2) 客人后上电梯:电梯门开,服务员在电梯间中看到客人将上电梯,应主动说:"××好,请进。"同时用手扶住电梯开启的门沿(避免电梯门因超时而闭合并夹住客人),等客人走进电梯后,应礼貌询问上几楼并为客人按下楼层按钮后,向客人点头示意,并侧立电梯控制按钮边。

3) 下电梯

(1) 服务员提前下电梯:服务员在抵达自己的目的地楼层后,先礼貌微笑,注视客人并说:"再会",然后快步走出电梯门后,转身向客人行15°鞠躬,待电梯门闭合后方可离去。

(2) 客人提前下电梯:服务员在将抵达客人所到目的地楼层时,应用左手挡住电梯开启后的门(避免电梯门因超时而闭合并夹住客人),右手指引,并微笑礼貌地向客人说:"请慢走"。待客人确实离开电梯后,方可放手让电梯门闭合。

(二) 招手(图5-35)

图5-35 招手手势

　　招手手势通常用于回应对方的呼唤时所使用的一种手势,例如,餐厅服务员在繁忙时段,远距离看到有客人要求服务时,不能及时进行服务时,可先招手示意再快速走近进行服务。具体动作要求如下。

1. 准备姿态

双腿并拢,挺拔站立,双脚呈正步。

2. 动作要求

左手自然垂于体侧,手指自然伸直,右臂抬起,使大小臂之间呈60°角,右手手指自然并拢,手心向前。

（三）挥手

挥手常用于送别客人时使用,一般情况下,送别客人使用鞠躬礼,但当客人主动挥手告别时,服务人员应还以挥手礼。具体要求如下。

1. 准备姿态

双腿并拢,挺拔站立,双脚呈正步。

2. 动作要求

左手自然垂于体侧,手指自然伸直,右臂抬起,使大小臂之间呈60°角,右手手指自然并拢,手心向前。有节奏的左右摇摆,摆幅不宜过大,面带微笑。

（四）物品的递与接（图5-36）

图5-36 物品的递与接

服务过程中,奉茶、文件的传送等都需要使用递或接服务手势。要求如下。

(1) 递物品时,应首选使用双手,若实际情况不允许,则用右手,不可以单独使用左手进行服务。

(2) 物品应该直接送至对方的手中,两人距离应恰当,若距离较远,应主动走近。

(3) 服务人员用手指部分拿住物品的两侧边缘处,不可牢牢地抓住物品。应使物品正面朝上送到对方手中。

(4) 接物品时,应双手接。

(5) 当递送危险物品,如剪刀、刀片时,或带尖的物品,如圆珠笔、钢笔时,应使危险的一侧朝向自己。

(6) 无法判断的东西,则应先想好对方使用的方向再递过去。

三、服务手势礼仪

服务手势可以反映服务人员的的修养、性格及对服务技能的掌握程度及运用水平。所以,服务人员在使用服务手势时,应注意手势礼仪。

1. 注意幅度

在社交场合,应注意服务手势的使用幅度:

服务的手势应在对方的视线范围内,不应超出对方的视线,上、下幅度应在肩膀以下、髋关节以上。左右的幅度范围不要太宽。

2. 掌握次数

在服务场合中,同一服务手势动作不宜频繁使用。

3. 手势明确

使用服务手势时,应首先了解对方的要求,再根据要求使用适合、正确、姿态标准且优雅的服务手势。

4. 态度亲切

使用服务手势时,态度应自然亲切,与人交往时,态度谦逊、耐心,表现出亲和力,以求拉近心理距离。

四、常见的不良服务手势

1. 姿态不良

驼背、伸脖子、弯腰。

2. 动作不雅

随意站立的基础上,进行手势的运用,或手势的动作过大、过于频繁。

3. 行为不端

左顾右盼,目标不明确,用指尖指向目标,或是抓头发、玩饰物、掏鼻孔、剔牙齿、抬腕看表、拉袖子、提裤子等。

4. 语言不当

语言粗鲁,使用方言或声音过大。

5. 情绪不良

态度恶劣,恶性指错方向或漫不经心。

第八节 服务人员的言语形象

一个优秀的服务人员,其规范化的职业形象不仅仅体现在肢体行为与外在形象上,语言的表达也是服务中的一个重要环节,更是一门服务艺术。

一、服务人员言语形象的要求

一个人的言语的表达,就如同我们的面部表情、肢体语言一样,是一种服务形象的体现。

(一) 服务人员的声音要求

(1) 使用普通话服务,遇到外籍客人应使用英语服务。

(2) 说话时,做到字轻、音正、声脆、腔美、调纯、气顺、意切、神出。

(3) 循序自如,刚柔相继,轻重得当以及高低适度。

(4) 让声音里面饱含微笑。

(二) 声音训练的要求

(1) 有自信。

(2) 持之以恒。

(3) 有的放矢。

(4) 不要过于追求完美。

二、服务人员的言语形象训练

(一) 发声练习

气息是声音的动力的来源,稳定、充足的气息是发声的基础,有了良好的发声基础,才可以熟练、灵活地掌握服务用语。

1. 吸气

1) 慢吸快呼法

慢吸快呼口鼻同时吸气,但是呼气时只用嘴。

2) 闻花香法

设想面前摆放着一盆香气宜人的鲜花,闭上眼睛,深深地吸气,去感受花香,之后再用嘴巴呼气。

3) 半打哈欠法

不张大嘴打哈欠,吸气进行到最后一刻的感觉和胸腹联合呼吸吸气最后一刻的感觉相近。

2. 呼气

吹灰尘:深吸一口气,用嘴巴用力呼出,就像要用力吹掉桌子上的灰尘一般。

3. 气量练习

1) 吹纸条练习

找一长方形纸条,用手指捏住放在鼻子前。用胸腹式呼吸法深吸一口气,把嘴巴闭合,只留一小孔,轻轻地向外吐气并吹动纸条,尽量让气流缓慢、均匀地吹向纸条,男士最少保持1分钟左右,女士保持45秒左右,随着练习时间的增长,保持时间也会加长。

2) 绕口令练习

《数葫芦》:南园一堆葫芦,结得嘀里嘟噜,甜葫芦、苦葫芦、红葫芦、绿葫芦,好汉说不出24个葫芦。一个葫芦、两个葫芦、三个葫芦、四个葫芦……

(二) 吐字练习

1. 舌的训练

(1) 用舌尖抵住齿背,舌中部用力,用上门牙刮舌面,把嘴撑开。

(2) 紧闭双唇,用舌尖顶左右内颊,交替进行。

(3) 舌头在唇齿间左右环绕,交替进行。

2. 唇的训练

(1) 双唇紧闭,阻住气流,突然放开,爆发出 b 或 p 音。

(2) 双唇紧闭,撮起,向上、下、左、右交替进行。

(3) 双唇紧闭,撮起左转360°,右转360°,交替进行。

3. 绕口令练习

(1) 八百标兵奔北坡,炮兵并排往北跑。炮兵怕把标兵碰,标兵怕碰炮兵炮。

(2) 树上结了四十四个涩柿子,树下蹲着四十四只石狮子。树下四十四只石狮子,要吃树上四十四个涩柿子;树上四十四个涩柿子,不让树下四十四只石狮子吃树上四十四个涩柿子,树下四十四只石狮子偏要吃树上四十四个涩柿子。

(3) 进了门儿,倒杯水儿,喝了两口运运气儿,顺手拿起小唱本儿,唱了一曲儿又一曲儿,练完了嗓子练嘴皮儿。绕口令儿,练字音儿,还有单弦儿牌子曲儿,小快板儿,大鼓词儿,越说越唱越带劲儿。

三、服务语言及其分类应用

常见的服务语言有以下几大类:称谓语、问候语、征询语、拒绝语、指示语、答谢语、提醒道歉语、告别语、推销语等。

1. 称谓语

称谓语是指说话人在语言交际中用于称呼受话人而使用的人称指示语。在任何语言中,称谓语都担当着重要的社交礼仪作用。它不仅有提醒对方开始交际的作用,更重要的是能摆正自己与交际对象的关系,便于展开交谈。

1)常用称谓语

服务人员常用称谓语语有:小姐、先生、夫人、太太、女士、大姐、阿姨、同志、师傅、老师等。

2)使用称谓语的注意事项

使用称谓语时,有下列要求。

(1)恰如其分。

(2)清楚、亲切。

(3)灵活变通。

2. 问候语

问候语,又叫见面语、招呼语,是人们生活中最常用的重要交际口语,更是服务中使用的核心服务语言。

1)常用问候语

常用的问候语有:您好、早上好、中午好、晚上好、新年好。

2)使用问候语的注意事项

服务过程中,使用问候语的要求如下。

(1)注意时效性。

服务语言中的问候语应注意时效性,否则,将会使问候变得毫无意义。

(2)问候时应把握时机

问候语应该把握时机,一般在客人离自己1.5米的时候进行问候最为合适,但也要考虑实际情况,例如,当客人正在与他人讲话或打电话时,则不宜使用问候语,对了表示礼貌,点头示意即可。对于距离较远的客人,只宜微笑点头示意,也不宜使用问候语。

(3)与身体姿态配合

当使用问候语时,应适当地配合身体姿态,例如,鞠躬、指引手势等。

(4)与面部表情配合

服务不应只是语言与肢体的表现,面部的表情也占有很大的比重,例如,当欢迎客人时,即使语言再怎么热情洋溢、鞠躬动作再怎么标准,配合一般冷冰冰的脸,无论如何是没办法让客人感到贴心与周到的,所以,当服务人员在使用问候语时,应配合面部表情来应用。

3. 征询语

征询语即征求意见询问语。征询语常常也是服务的一个重要程序,不可忽视。

1)常用征询语

服务行业的常见征询语有:先生,您看现在可以上菜了吗？先生,您的酒可以开了吗？女士,您有什么吩咐吗？女士,这个盘子是否需要帮您撤走？

2）征询语的使用注意事项

（1）注意语言的正确性。征询语要注意措辞的正确,措辞运用不当,会使顾客很不愉快。例如,在餐饮服务中,服务人员得知客人已经点了菜,在不征询客人是否可以上菜就将菜端上来,是一种不礼貌的行为,在这种情况下,应该先征询意见,再行动,不要自作主张。服务人员应先向客人询问:"先生,您看是现在就上菜还是再等一会?",而不是用命令或疑问的口气:"你的菜已经点了那么久了,该上了!""到底时候什么能上菜?"

（2）时刻注意客人的需求。例如,当客人东张西望的时候,或从坐位上站起来的时候,或招手的时候,都是在用自己的形体语言表示他有想法或者要求了。这时服务员应该立即走过去说"先生/小姐,请问我能帮助您做点什么吗?""先生/小姐,您有什么吩咐吗?"

（3）用协商的口吻。征询语应该使用协商的口吻,例如,"请问,可以帮您收了吗?""请问,您还满意吗?"这样显得更加谦恭,更容易得到客人的支持。

4. 拒绝语

服务人员所面临的请求可能来自部下、上级、同事或被服务的对象。其中,有一部分的请求是与职务有关责无旁贷的,而有一些请求虽然与职务有关,但是请求的内容不合时宜或不合情理,或者没有义务给予承诺的请求。在面对这些无理的请求时,服务人员如何拒绝与推辞是服务的关键,处理得当,会使双方感到自然、舒适,处理不当则会使双方尴尬,关系紧张,甚至影响到正常的服务进程。

1）常用拒绝语

（1）谢谢您的好意,但是……

（2）承蒙您的好意,但希望您理解。

（3）谢谢您,不过,很不巧……

2）拒绝语的使用注意事项

（1）在拒绝之前先使用肯定语,并对对方给予的赞赏、肯定表示感谢。

（2）客气委婉,但立场分明,不可在态度上摇摆不定。

5. 指示语

指示语是指话语中跟语境相联系的表示指示信息的词语。

1）常用指示语

（1）先生,请直走后左转,第二间就是。

（2）女士,请随我来。

2）指示语的使用注意事项

（1）语气要委婉,不可在语气中带有命令的语气。

（2）表情要自然。

（3）指示语应配合指引手势。

6. 答谢语

答谢语是为了表达对他人的感谢之意而使用的一种服务语言，也是服务中的常用语。

1）常用的答谢语

(1) 谢谢您的好意。

(2) 谢谢您的合作。

(3) 谢谢您的鼓励。

(4) 谢谢您的夸奖。

(5) 谢谢您的帮助。

(6) 谢谢您的提醒。

2）答谢语的使用注意事项

(1) 对于客人表扬、帮忙或者提意见的时候，都要及时使用答谢语。

(2) 答谢语的措辞准确，态度诚恳。

(3) 答谢语应配合身体语态，如鞠躬礼。

7. 提醒道歉语

提醒道歉语是服务语言的重要组成部分，它不是单纯的因为工作失误而使用的一种语言，而是为了使客人充分地感到尊重而使用的一种语言。

1）常用的提醒道歉语

(1) 对不起，打搅一下。

(2) 对不起，让您久等了。

2）提醒道歉语的使用注意事项

(1) 提醒道歉语使用时应使用服务手势。

(2) 提醒道歉语使用时应诚恳主动。

8. 告别语

告别语是与他人道别时使用的语言。

1）常用的道别语

(1) 再见，欢迎下次光临。

(2) 请慢走，祝您一路平安。

2）道别语的使用注意事项

(1) 道别语应配合体态语，例如，点头、鞠躬或挥手礼。

(2) 表情要具有亲和力。

四、服务禁语

良好的服务态度与正确的使用文明用语不仅体现了个人修养，也是服务中的重要环节，故在服务中，无论遇到什么情况，都不可使用恶劣、粗暴的态度，不可使用以下语言。

(1) 你没听到吗?

(2) 急也没用,我没有时间!

(3) 随便! 不服气找我们领导去。

(4) 你到底懂不懂?

(5) 算了,我懒得理了。

(6) 这是规定,谁都不行!

(7) 上面写的清清楚楚,看不到吗?

(8) 没到上班时间,急什么,急也没用。

(9) 有意见,告去! 我不怕!

(10) 你到底要不要?

(11) 买得起吗? 买不起别看!

(12) 快下班了,改天再来!

(13) 急什么! 后面排队去!

(14) 我怎么知道!

(15) 不知道!

(16) 随你怎么想!

(17) 告诉你几遍了,还不明白?

(18) 没零钱,自己换去。

(19) 你有没有搞错,这个都不懂。

(20) 你买的时候怎么不想好?

(21) 打错了! 看清楚号码了再拨!

(22) 真讨厌!

(23) 你有没有长眼睛啊?

(24) 吵不吵啊? 真烦!

思考与讨论

1. 通过本单元的学习,制定一套适合自己的坐、立、行等仪态形象的训练方法。

2. 面对客人投诉时,如何使用服务用语。

3. 设计服务人员的一天。

4. 微笑的含义是什么? 工作中如何运用不同的微笑种类?

参 考 文 献

[1] 郝凤茹. 缺什么别缺职业精神[M]. 广州:广东经济出版社,2010.
[2] 金正昆. 礼仪金说[M]. 西安:陕西师范大学出版社,2006.
[3] 余世维,余世维. 赢在职业化[M]. 北京:中华工商联合出版社有限责任公司,2011.
[4] 闫贺尊. 完美服务必修课:零售服务培训金典[M]. 北京:机械工业出版社,2008.
[5] 思维. 我在为谁工作[M]. 北京:民主与建设出版社,2005.
[6] 于西蔓. 女性个人色彩诊断[M]. 广州:花城出版社,2002.
[7] 游丝棋. 丝棋美学. 彩妆维纳斯[M]. 安徽:联合文学出版社有限公司,2008.
[8] 张景凯. 小凯老师明星脸彩妆书[M]. 上海:上海锦绣文章出版社,2008.